マンガで
読み解く

カーネギー
話し方入門

原作：デール・カーネギー
脚本：歩川友紀
漫画：青野渚

HOW TO
DEVELOP
SELF-CONFIDENCE
AND INFLUENCE
PEOPLE BY
PUBLIC
SPEAKING

創元社

マンガで読み解く　カーネギー話し方入門

目　次

✣主な登場人物

盛田杏菜（もりた あんな／22歳）

女子大学生　就活中の大学四年生だが、面接試験が苦手でことごとく失敗。卒業がせまり、あせりを通り越して自暴自棄になる。

大島　愛（おおしま めぐみ／17歳）

女子高校生　サッカー日本女子代表候補として将来を嘱望され、アイドル的人気を誇る高校生。インタビューの受け答えがうまくできず悩む。

宮本真一（みやもと しんいち／33歳）

トラック運転手　強面で無愛想な性格が災いし、とても人当たりが悪いが、その実、慎重派で無事故無違反の超優良ドライバー。

品田由子（しなだ ゆうこ／30歳）

主婦　引っ込み思案で極度の緊張癖をもつ主婦が、よりによって人前でしゃべり、大勢の人をまとめる役目を引き受けてしまう。

藤原健人（ふじわら けんと／31歳）

大学助教　若手研究者として非常に有能ながら、学生時代から人前で発表すると支離滅裂になって大失敗という悪癖が直らない。

五十嵐要（いがらし かなめ／31歳）

ラジオDJ、話し方専門店主宰　大学卒業後、職を転々として腰の定まらない中、ふとしたきっかけで出会った人たちに話し方を教えることに……。

プロローグ

❖

人前でうまく話せない

Funny Mart
スクッィテスジロ山本
ウィー ーン
トラック運転手
宮本真一《みやもとしんいち》(33)
パンフェア
2/25
金曜日が土曜日に変わるまであと一時間
こんばんは五十嵐《いがらし》要《かなめ》の「闇鍋《やみなべ》の時間」です
開始早々残念なお話で申し訳ないのですが…
大学生
盛田《もりた》杏菜《あんな》(22)

主婦
品《しな》田《だ》由《ゆう》子《こ》(30)
今日でみなさんと…
お別れすることになりました
え？
はあ?!
うそっ…

なあ
これって近くで
やってるんだろ
店内で今流れてるの
この地域の
ミニFMじゃ
ないのかよ
ああ…
そ　そうですね
どこで
やってるんだ？
いや　その…僕
このへんの者じゃ
ないんで
あの…
スッ
あたし知ってます
スタジオの場所
どこ？
商店街
わかります？
あるのは
知ってるが
行ったこと
はない
帰り道なので
途中まで案内
しましょうか？
すみません
ご迷惑で
なければ
ご一緒させて
いただいても
いいですか？

駅前商店街
FM☆テンポ
五十嵐さん お疲れさまでした
ありがとう ございました
いや こちらこそ
ラジオDJ
五十嵐《いがらし》 要《かなめ》(31)
先に上がって くれていいよ
僕はもう少し 感傷に浸《ひた》ってから 帰るから
わかりました お先に 失礼します
ハァーーーッ
やっと仕事に ありついたと 思ったら
また失業か…
ガチャ
あの…
どうしたの? 忘れ物?

いえ
リスナーの方が
来られていて…
はあ?
失礼ですが…
みなさんは
お知り合いでは
なさそうですね
ええ
たまたま…
同じコンビニで
五十嵐さんの
DJを聴いてて
三人とも偶然
僕の番組を聴いて
くださってたんですか?
俺は毎週金曜
仕事帰りに
コンビニに
寄るんだけど
あんたの話が面白くて
いつも運転席で
聴いてたんだ
私も金曜日の
晩に行って
コーヒーを
飲みながら
五十嵐さんの
番組を聴くのが
楽しみだったの
君も?

はい
バイト帰りや就活の帰りに
いつもコンビニに寄ってて
そのうち金曜日の
あの時間はコンビニで
五十嵐さんの番組を
聴くのが日課になって
コホン
それは
どうも…
ありがとう
ございます
どうして
やめてしまうんだ?
すみません…
僕は続けたいのですが
経営が厳しくてFM局
自体がなくなるんです
FM☆テン
淋しくなりますね…
毎週楽しみに
してたから
あたしも…
ハア〜〜…
そう言っていただけると
DJ冥利《みょうり》に尽きます

今日で最後なんですよね
ええ
だったら打ち上げとか慰労会みたいなのは…
Jahny
ありませんこれからの時間はフリーです
正確には失業者ですが
ということで
みなさんの時間が許すなら場所を変えませんか？
い…五十嵐さん…
五十嵐さんはいつからこのお仕事を？

DJはこの番組がはじめての仕事です
そうだったんですか
最初は外資系自動車会社で商品開発を担当していました
やりがいのある仕事でしたが
消費者の顔が見えないことが物足りなくなって退職したんです
もともと学生の頃から文章をまとめたりするのが好きだったので
Web系のライターに転職しました
空《あ》いた時間は自由に本を読んだり映画を観たり
ほー
へぇー
エッセイやコラムなんかも書いてみたいと思っていたんですけどこれがなかなか食っていけなくて

節約して貯金を切り崩して
ようやく今の仕事にありついたんですが…
苦労してるんだな
あの…せっかくの機会なので
おうかがいしてもいいですか？
何でしょう？僕にお答えできることなら
あたし五十嵐さんのような人がうらやましいというか憧れるというか…
ズイッ
どうすれば五十嵐さんみたいに話すのがうまくなれるんでしょうか？
あ…それ私も知りたいです

家族や友達としゃべるのは全然問題ないいんですけど
面接会場
発表とか面接とかになるとすごく緊張してしまって…
自分の考えを緊張しないで伝える秘訣…みたいなものはないでしょうか？
おいおい
そういうのは教わってできるもんじゃないだろ
口べたとかあがり症なんていうのは 持って生まれたもんなんだから
話し方は意識と練習次第で上達すると思いますよ
それはどうかなあ…
あんたはできるからそんなことが言えるんだよ
そうでしょうか？
フイッ

失礼ですけど
宮本さんは最初からトラックの運転がお上手でしたか？
タジッ
そ それは…
いやいや運転と話し方は同じじゃないだろ
だったらスポーツやアートはどうです？
才能がすべてとは言いきれないでしょ？
それでも持って生まれたものを比べれば
俺たちとあんたじゃ軽四とダンプぐらいの差はあるぞ
信じてもらえないかもしれませんが
小学校に入ったばかりの頃は人見知りの激しい無口な子で
心配した母親が児童劇団に入れたぐらいです
……

自分から進んでレッスンを受けたわけではありませんが社会に出てからいろいろ思い出してみると
人前での話し方を学んだことが何より役立っていると気づきました
その後 さまざまな場面でディベートやスピーチの機会を得たことが
僕の臆病心と自信不足を吹き飛ばし
他人と接する勇気と自信を与えてくれたと思っています
あたし今就活中なんです
面接でもびくびくせずに自分の意見を言えるようになれますか？
なれますよ
バッ
じゃあ教えてください
ペコッ
ぜひよろしくお願いします

宮本さんもどうですか?
あたしたちといっしょに
いや俺は…
そんなこと言わずにこれも何かのご縁《えん》だと思うんです
よろしくおねがいします
そ そうか…
まあ タダで役に立つことが身につくのなら…
タダってわけにはいきませんよ
どうせタダだから
なんて考えると教えるほうにも習うほうにも甘えが出ます
ハッ…
たしかに…!!

僕は真剣にあなた方に向き合いますし
授業料に見合う実用的なことをお話しするつもりです
だからみなさんも本気になってください
そのうえで期待しただけの結果が得られなければ
お金はお返しします
いかがですか？
確かに あんたの言うとおりだ
わかりました
よろしくお願いします

一週間後
ガチャ
あれ？ 五十嵐さん！
ああ 杏菜ちゃん 今 帰りかい？
ええ そうなんですけど
ここで何をしてるんですか？
ここ 格安で貸してもらったんだ 住居兼教室として
あたしでよければ引っ越しのお手伝いしますよ
大丈夫 荷物は宮本さんに手伝ってもらったから
ガタッ
話し方専門店？
教室とか道場とかいろいろ考えたんだけど堅苦しいのは性《しょう》に合わないから…
話し方専門店
談

商店街の中だから専門店とかにしたほうがいいかなと思って
それに談話とか相談とかの談をつけてみたんだけど
変かな？
そんなことないよ悪くないと思う
それはよかった
コーヒーでも飲んでくかい？
ちょうどいれようと思ってたところなんだ
あら…
ここ 何か新しいお店ができるのかな？
サッカーU-17
日本女子代表選手
大島《おおしま》 愛《めぐみ》（17）
話し方専門店？
話し方専門店
談
日本語教室とかじゃないみたいだし…
意味わかんない
変なの…

コラム

D・カーネギーはなぜ『話し方入門』を書いたのか

デール・カーネギー（Dale Carnegie）は一八八八年に米国ミズーリ州の農家に生まれ、教師を志して州立学芸大学に入学します。大学では弁論大会で優勝するなど、若くしてすでに話術の才を発揮していました。大学卒業後は通信教育や精肉、中古車などのセールスマンとなるものの、どの仕事もうまくいかず、一転して俳優を目指し演劇学校に入学しますが、これも挫折します。雑多な職業を転々として定まらず、悶々と苦悩を抱えた一人の若者でした。

　転機となったのは、一九一二年に副業ではじめた話し方講座の講師を務めたことです。ＹＭＣＡの夜間学校での授業が好評を博して受講者も増え、軌道に乗せます。もともと教師志望で、学生時代に弁論大会で活躍した能力が組み合わさり、ここに成人教育と話し方講師という自分の天職を見出しました。

　この経験を生かして、カーネギーは一九一五年に『Art of Public Speaking』という最初の著書を共著で出版します。以後は単著で一九二六年、一九三七年と改訂を重ね、出版を続けました。話し方講座でのテキストという位置づけで実践的な内容ゆえ、折々に改訂を加えていったものと考えられます。カーネギーの死後も、このすぐれた教育方法は後継者によって受け継がれ、講座で用いるテキストも幾度か改訂されています。そのため、カーネギーの「話し方」または「スピーチ」に関する書籍は、最初の一九一五年から現在までの約一世紀にわたり、書名の違う七種の英語版原書が出版されてきました。本書は、その七種のうち原著『How to Develop Self-Confidence and Influence People by Public Speaking』を全訳した『カーネギー話し方入門』を取り上げます。話し方講師の経験が後半生に名著『人を動かす』に結実しますが、原著の書名が表わすとおり、単なる話術や技法を超えた対人関係の原則に基づく内容ゆえに、今なお普遍性を保ち読者を惹きつけるのです。

『話し方入門』英語版原書初版本（1956年、サイモン＆シュスター刊）

『話し方入門』邦訳初版本（1984年、創元社刊）

第1話

まずは自分らしい話材を集める

まとめ

「勇気と自信を養う」
「自信は周到な準備から」

202
品田 真佐喜
由子
ピンポーン
ガチャ
はい…
あ…ど どうも
いつもお世話に
なってます
突然
ごめんなさいね…
実は町内会のことで
ご相談があるの
毎年うちの社宅から
順番に班長さんを
選出してるの
ご存じよね
ええ…
それでね
申し訳ないんだけど
来年度はあなたに
お願いできないか
と思って…
すみません…
うちは主人が今
単身でよその支店に
行ってるんで…
できることなら
今回は飛ばして
いただいて他の方に…
パタン
越してきて
一年以内の人なら
そういう配慮も
するんだけど

お宅は三年目だし…
それに男の人でなくてもいいのよ…手のかかるお子さんがいらっしゃるわけでもないしね
恥ずかしい話ですけれど…
友達の結婚式とかスピーチのように人前で話すとなると緊張で頭の中が真っ白になってしまうんです
談
うんうん
だから人前で話すことをできるだけ避けてきたんです
それなのに…
町内会の班長を仰《おお》せつかってしまったと
班長になれば順番に町内会の会議で議事進行をしなければならないのですが…
来年度はたまたまうちの社宅がその番なんです
話し方を学べばうまくしゃべることができるでしょうか?

キッパリ
大丈夫ですよ
いや でもさあ…
自信と勇気 そして人前で 話しながら冷静に 考えをまとめる力を 身につけるのは
品田さんが 考えている十分の一 ほどにも難しいこと ではありません
間違いなく できるように なります
五十嵐さんは 自分ができるから 簡単だって言うけど
ほぅ ほぅ
ツーン
できない あたしたちにとっては 結構大変なんじゃ ないの
ハアア
あたしなんか 思ったようにうまく しゃべることが できなくて 就活をやめたい ぐらいなんだから

この前だって…
津の国ツーリスト
面接会場
カサッ
盛田さんは
管理栄養士養成課程を
履修しておられるん
ですね
ドキ
ドキ
はは
はい
国家試験は
受けられるん
ですか？
ぐるぐる
あ
その…正直
どうしようか
悩んでいます
受験しないと
もったいないじゃない
四年間も勉強したのに
旅行業界よりも
資格を活かせる仕事のほうが
いいんじゃないの？
ひ〜〜〜！
ちょっと
待った！
え？

ほらほら
どうしてそんなに
丸くなって
縮こまってるの？
背筋を伸ばして
深呼吸してごらん
ポンッ
五十嵐さんっ!?
きょ
落ち着いたかい？
スーハーー
うん
まあ…
ところで
君は
ジュリアス・シーザー
を知ってるかい？
『賽は
投げられた』
え…確か
世界史に
出てきたような…
ジュリアス・シーザー
（ユリウス・カエサル）
ローマの将軍
シーザーは
軍を率いて
イングランドに
上陸するんだけど
戦いに勝つために
何をしたと思う？
何この格好っ!?
そんなの
わかんない

上陸した兵士たちに自分たちの船が焼き払われるのを見せたんだ
船を燃やされたら逃げられないじゃないですか
そう
退路が断たれたわけだ
これでもう選択肢はただひとつ
生きて還《かえ》るには戦いに勝つしかない
実際 シーザー軍はそのとおりのことをやり遂げたんだけど
もしかして…
それぐらいの気持ちが必要ってことでしょうか？
あ、もどった
正解です
ガターンッ
それ 今のあたしに何の関係があるの？

よい話し手になろうという思いで面接に臨《のぞ》んだかどうか
そういう心がまえが大事なんです
そんな大げさな
ア
ビクッ
何を言ってるの？
それに君が新たな自信を得て
人前で説得力を持って話せるようになると
金銭面での可能性が広がってくるんだよ
金銭面…
考えてごらんよ
目標を低いところに設定したらたいてい到達点はそれに見合ったものかそれ以下になる
目標
目標
まあ確かに…
うっ

話し方という新しい能力を生かすことができれば
友人の輪の広がり
より大きな影響力や指導力などが備わってきます
で
君はなぜ旅行業界で仕事をしたいと思ったの？
それは…旅行するのが好きだし楽しいかなって…
自分の興味や関心から就職のことを考えるのは悪くない
パアッ
でしょ！
だけど 憧れだけで志望先を決めるのはどうかと思うよ
しゅーーーん
自分がなぜその業界に興味を持ったかを充分に考えたかい？
あ…いや それは…
採用されたらどんな仕事をしたいか入社後のあるべき自分の姿を想像してみた？
それ以前にその会社の仕事内容を熟知しようとした？
グサッ
グサッ

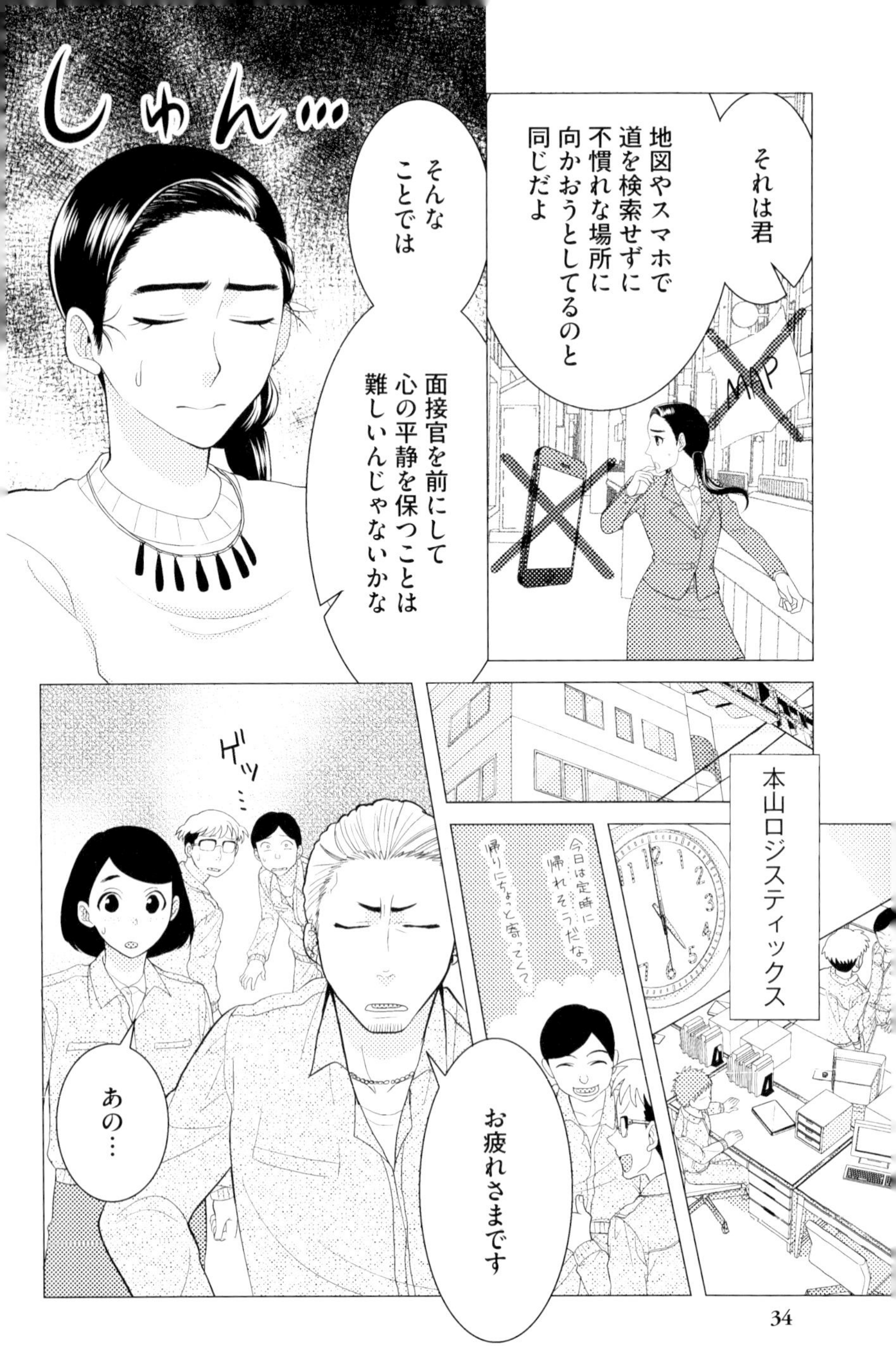
それは君
地図やスマホで道を検索せずに不慣れな場所に向かおうとしてるのと同じだよ
MAP
しゅん…
そんなことでは
面接官を前にして心の平静を保つことは難しいんじゃないかな
本山ロジスティックス
今日は定時に帰れそうだなっ
帰りにちょっと寄ってく
お疲れさまです
ゲッ…
あの…

何?
社長がお呼びです
え?
俺に用事?
きょっ
はい
宮本さんが戻ったら社長室に来るようにと…
あっそ…
スタ
スタ
スクッ
宮本は相変わらずだな愛想のかけらもない
悪い奴じゃないんだけど
ヒソ
ヒソ
社長室
コンコンコン
ガチャ
失礼します
おお来たか
まあ座れ
本山ロジスティックス
社長
本山和久《もとやまかずひさ》(56)

宮本はうちへ来て何年だ？
高校中退して家飛び出して
ふらふらしてる時に社長に声かけてもらったから
一七～八年でしょうか…
免許取って何年になる？
一八になってすぐ自動車学校に通わせてもらったので
一五年ぐらいです
その間遅刻も配送ミスもなく
無事故無違反
おまけにそれを鼻にかけることもなく
お前は常に黙々と仕事に精を出してくれているな
はあ…

何度か会社の危機もあったが
なんとか乗り越えてこられたのも
お前みたいな社員がいてくれたからこそだと俺は思ってる
だから
ギリッ
創業二〇周年記念のパーティーで永年勤続者といっしょに
お前を優良ドライバーとして表彰することに決めた
遠慮なんかしなくてもいい
その席でお前なりの安全運転の秘訣みたいなものを話してほしいんだ
ぎょっ！
いや…それは…
いいです…
そういうのはちょっと…勘弁してください

201
あら…
どうしたの？
あの…町内会のこと
私 何も知らないので
よかったら教えてもらえないかと思って
へぇー…断りに来たんじゃないんだ
でも 今日はダメ
ガーン
あ…じゃあまた後日…
しゅん…
待って
晩ごはん食べた？

いえ まだ…
私も まだなの 食べながらで よかったら 教えてあげても いいわよ
ちょっと 見直したわ
いろいろ言い訳を 並べて断ってくると 思ってたから
え？
あ…実は そうしようかとも 思ったんです
でも ある人から
ぎゅ…
まる食堂
うどん

自信と勇気 そして人前で話しながら
冷静に考えをまとめる力を身につける
いいチャンスだって言われて…
そんなたいそうな…
あ でも 口べたで おとなしい人は そんな感じに なるのかも しれないわね
スピーチとか 発表とかから ずっと逃げてきた だけじゃなく 人の輪にもうまく 入れなくて…
ニヤーーー
そう だったんだ
じゃ 私も正直に
ホッ…
でも 品田さんが 自分から聞きに 来てくれたので 思い直したの
班長を 受けるにしても どうせいやいや だろうから
私が町内会で 経験したこと
教えてあげるの やめよって 思ってたの
すまる食
んじゃ 女子会っぽく ちょい飲みしながら 話しましょうか

いい話じゃないですか
ムスッ
ふざけるな
フーッ
人前で話をしろって言われると
自意識と恐怖心で頭がぼーっとするんだ
ハーー
考えはまとまらないし
何を言おうとしたのかも思い出せなくなるんだよ
そう言えば…僕ね
宮本さんと知り合って
改めて人を外見で判断してはいけないなあって思いましたね
何の話をしてるんだ?
このあいだ引っ越しのお手伝いをしてもらうまで
乗れ
宮本さんの運転は荒くてこわいんだろうなあって思っていたんです

そう
言われるのは
慣れっこだよ
ケッ
けど
こう見えても
俺は臆病なんだ
何かあっては
いけないと
思うから
運転する前日は
飲酒はおろか
夜更《よふ》かしも
しないよ
素晴らしい
別にほめて
もらうほどの
ことじゃない
いや
そういうこと
ではなくて
テーマが
決まっている
だけでなく
スピーチの
準備がちゃんと
できている
は!?

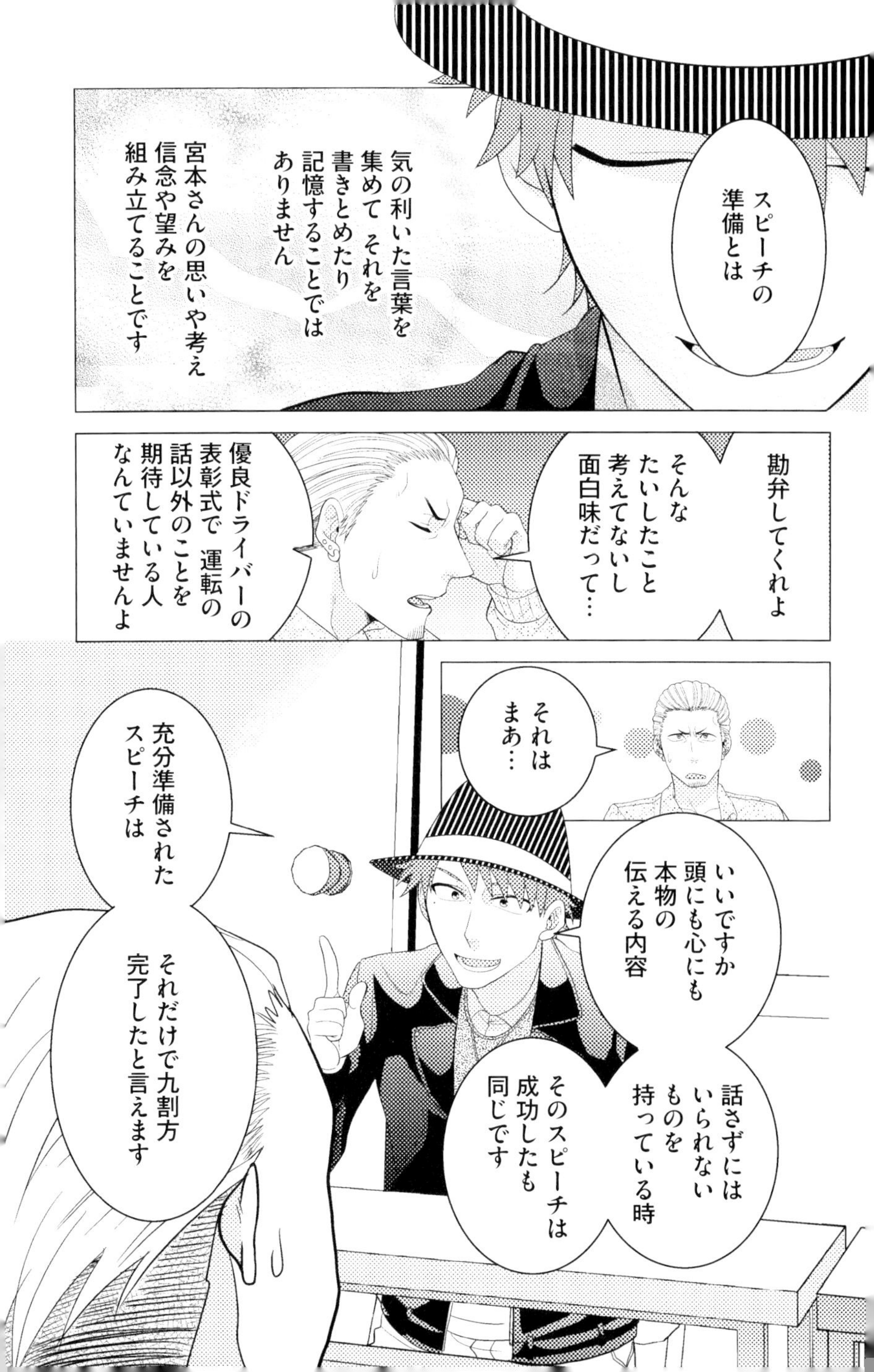
スピーチの準備とは
気の利いた言葉を集めて それを書きとめたり記憶することではありません
宮本さんの思いや考え信念や望みを組み立てることです
勘弁してくれよ
そんなたいしたこと考えてないし面白味だって…
優良ドライバーの表彰式で 運転の話以外のことを期待している人なんていませんよ
それはまあ…
いいですか頭にも心にも本物の伝える内容
話さずにはいられないものを持っている時
そのスピーチは成功したも同じです
充分準備されたスピーチは
それだけで九割方完了したと言えます

さあ
あなたのスピーチと題目についてじっくりと考えてみましょう
熟して反応してくるようになるまで
じっくりと
スッ
今から?
この過程は長ければ長いほどよくできれば本番に向けて
いよいよ最後の仕上げにかかる前の日の昼まで中断することなく続けば　ますます結構
いや でも…そんな 急に言われても…
大丈夫僕がついています
関連して心に浮かんだことは何もかも書きとめるようにしてください
話題が決まっていて目下その材料を集めていると いう時には

例えば？
宮本さんが運転する時にすると決めていること
しないと決めていることについて…
考えたことはすべて書きとめる
カサッ
それも思い出せる範囲の短い言葉で
さらに次なる考えを探そうとする気持ちを
常に維持することです
メモでいいのか？
素材を順序よく整理するには
バラバラの紙のほうが便利です

ただいま
周平《しゅうへい》は？
宮本あき（36）
さっき寝かしたとこ
今日は遅かったのね
ドサッ
ご機嫌さんというわけでもなさそうだし…
スピーチのことでちょっと相談に乗ってもらってたんだ
あら…
受けることにしたの？
うんまあ…
俺みたいにつまらない人間の話なんか聞いてもらう価値なんてないのにな
そんなことないよ
どうしてそう思う？

真一君は人付き合いが悪いと誤解されてるけど
それはトラックのドライバーとして自分のベストを尽くすためにきちんと自己管理をしてるからじゃない
あれ？同じことを言われた
今日スピーチのことで相談に乗ってもらった人に
その人真一君のお友達？
それができる真一君は偉いと思うし
そのことを話せば誤解が解けるかもしれないと私は思ってるの
そうだなあ…先生というか
師匠というか…
話し方専門店
でも
タメ口《くち》だから友達でいいのかな…

まとめ

「勇気と自信を養う」「自信は周到な準備から」

はじめに……

原著の『How to Develop Self-Confidence and Influence People by Public Speaking』は、初版の刊行からおよそ六〇年にわたり読者に読み継がれている稀有なロングセラーです。その一方で、現行版の邦訳『**カーネギー話し方入門　新装版**』は三〇〇ページを超える書籍ゆえに、通読するのが重荷に感じて避けてきた人も少なくなかったと推測されます。本書『**マンガで読み解く　カーネギー話し方入門**』は、そうした重厚な原著をもう少し手軽に親しんでいただくために、日本版オリジナルのストーリーにカーネギーの原則を練り込んで書き下ろされた本です。本書を通じて、原著に込められた奥深く普遍的なメッセージに触れ、さらに原著に親しむきっかけにしてもらえたらと願っています。

書名に込められた主題……

英語版の原題『**How to Develop Self-Confidence and Influence People by Public Speaking**』には、大まかに「自信をつける」「人に影響を与える」「話し方」という三要素が入っています。原題から解釈すれば、「**人前で自信を持って話し、人を動かす**」ためのハウツー書と考えてよいでしょう。

原題が指し示している主題は、原著者カーネギーが原著「第1章」の冒頭に記していることと共通します。それは、カーネギーが講師を務めたパブリック・スピーキング・コースの受講生たちが切実に訴えている「自信と落ち着き、人前でも物が考えられる力がほしい」「仕事でも私的な会合でも大勢の聴衆の前でも、考えを論理的にまとめ、自分の言いたいことを明確に説得力をもって話せるようになりたい」という目的・動機です。

原著には大勢の聴衆の前でスピーチをするためのノウハウが多くを占めているため、スピーチをする必要のない人は自分に無縁の内容と勘違いするかもしれません。しかしこの原題からは、単なるスピーチ術に限定せず、日常会話も含めた「話し方」を体得することで自信を得れば、仕事や生活にも役立ち、人生を成功に導けるという目的意識がうかがえます。**『カーネギー話し方入門』**という邦題の背後には、このような狙いや意図が埋め込まれていることに留意しておいてください。

以下、この欄では「**まとめ**」と題して、漫画のストーリーと台詞に練り込んだ「原則」のおさらいと、原著の読み解き方の一例を挙げていきます。

原著「第1章」の意味…………✣

原著『カーネギー話し方入門』は大きく一二の章で構成されています。その「原則」は章末または本文中の中見出しで強調されており、各章の要点把握と、再読や復習などでおさらいするのに便利な体裁になっています。最初の「第1章」は日本語版では「勇気と自信を養う」と題され、以下「第12章」まで、話し方を学ぶ心がまえや準備にはじまり、スピーチ本番に至るという、おおよその学習手順に沿って構成されています。

カーネギーはこの「第1章」で、本の主旨と目的をさりげなく謳っています。原著は全般に、カーネギーが持論を述べる部分よりも、ふんだんに挿入された実例のほうが多くの割合を占めているため、一見して要点がわかりにくくなっていますが、抽出すると以下のようになります。

①背景……（大勢の受講生に接した経験から）人前でうまく話せず自信も持てず、悩んでいる人が多い。逆に言えば、人前で自信を持って話せるようになりたいという普遍的なニーズがある。

②目的と効果……人前でうまく話ができるという「新しい能力」を得ることで自信がつき、友人が増え、社会的に成功して収入も増える。またスピーチの成功は、他にない大きな喜びとなる。

③条件……誰もが備えている潜在能力であり、特別な才能は必要ない。ただし「執念（やる気）」と「練習」が必須。「話す内容」も用意が必要。

これらの主旨に、スピーチの達人とされる著名人たちも最初は無様《ぶざま》に失敗した逸話が肉付けされ、努力すれば誰でもできると読者を導き、勇気づけます。この章の「原則」は以下のとおりです。

> **第1章「勇気と自信を養う」の原則**
>
> 1 強く、持続的な願望を持ってはじめる。
> 2 準備は怠りなく。
> 3 自信満々にふるまう。
> 4 練習を積む。

原著「第2章」の読み解き方……

原著の「第2章」は「自信は周到な準備から」と題され、準備段階に入ります。

スピーチは才能と経験と勘に頼った即興の芸能などではないのですが、この点でいまだに誤解している人は多いはずです。カーネギーはあくまで「準備」が大切と永遠の真理を謳っています。準備万端なら九割方成功したも同じだと言います。

では準備とは何か、その要点だけを抽出すれば——まずは「題材」を用意する。題材は自分に興味のあること、人に話したいことを、一般論、抽象論よりも具体的な実例、経験をまじえるとよい。七日前から準備し、空き時間に考えつづけよ（ぶっつけ本番や一夜漬けは失敗のもと、と別の章でも述べています）。素材は実際に使う十倍を用意し、余力を生み出せとも言っています。

スピーチの経験がない人には、そこまでの労力は惜しみたくなるかもしれませんが、本番で不首尾に終わった経験がある人には、身に染み入る金言でしょう。明らかにあの時は準備不足だったと。

> **第2章「自信は周到な準備から」の原則**
>
> 1 話し手が話さずにいられないものを持っている時、そのスピーチは成功したも同じ。
> 2 本当の準備とは、自分自身の中から何かを掘り出すこと。
> 3 題材を早目に決め、空き時間にそれについて考えを深める。
> 4 余力を蓄えるために、実際に使うものよりはるかにたくさんの素材を集める。

＊傍線部分は、原著からの引用文で、罫線で囲んだ部分は原著の章末などにまとめられた「原則」です。いずれも出典は『カーネギー話し方入門　新装版』（創元社刊）。

第2話

❖

丸暗記はダメなのか

まとめ

「有名演説家はどのように準備したか」

「記憶力を増進する」

創元大学
コンコンコン
経営学部研究室
201
香川 輝夫 教授
香川先生 藤原です
失礼します
ガチャ
経営学部助教
藤原《ふじわら》健《けん》人《と》(31)
読ませて もらったよ
製品やビジネスモデルの開発といった成功事例だけでなく
生き残るための技術戦略やビジネスモデルの検証もきちんとできている
経営学部教授
香《か》川《がわ》輝《てる》夫《お》(60)
では あとは先生に手直ししていただいて…
きちんとできていると言ったはずだ
学会誌には君自身の名前で発表しなさい

あ ありがとう ございます
そこで だ…
パサッ
これからの ビジネス
次の学会の幹事校はうちなんだが
今うちが取り組んでいる共創《きょうそう》型のオープンイノベーションについての研究講演を君にまかせよう
は!?
データ 二十年度
あの すみません 香川先生…
その…私は経営の現状と課題をリサーチしたり
先生に教えていただいた理論や知識を活用して客観的に状況を分析するのは 嫌いではないと言いますか…
知ってるよ
企画も調査も 実践も 君は 実に優秀だ

君はいくつになった？
三一歳になりました
だったらいつまでも私の助手みたいなことをやってるわけにもいかないだろ
ポン
それはその…おっしゃるとおりです
これだけの論文をまとめる力があって
きちんと研究講演ができるのであれば
私も自信を持って君を講師に推薦できる
ハァァ
えらく不景気な顔してるね
やぁ
あっ五十嵐さん
夕凪《ゆうなぎ》女子大は就職率とかどうなの？
そんなに悪くはない…

って どうしてあたしが 夕凪《ゆうなぎ》女子大だって わかったの？
エスパー!?
ちがうちがう
管理栄養士の 養成課程があって このあたりから 電車で通える大学だから
カチャ
へぇー
興味を持って 人の話を聞いているか どうかってことだよ
…ねえ 杏菜ちゃん
君は いつから面接に 苦手意識を 持つように なったの？
ハァア
面接とか 発表とかで
いい思い出 なんか ひとつもない
凪大学試験会場
大学入試に 面接はあった？
ありました

高校時代に何をがんばってきたのか
志望理由は何か
将来？
志望理由は たしかに
学んだことを活かして将来何がしたいのか
って聞かれました
そのあたりは入試も就活も大差ないはずだから準備はできるんじゃないの
準備？
スピーチの場合は題材とそれに関する情報を用意しておかないといけない
今日の料理（題材）
「ビーフストロガノフ」
食材（情報）
牛肉、玉ねぎ、パプリカ、ニンニク、ロー
デミグラスソース缶、赤ワイン、生クリーム
塩コショウ、パセリなど
作り方 情報の段どり
①
②
③
料理と似てるね!!
次に 用意した情報を選択して段どりを考える 要するに 順序立てておくんだよ

でも 予想どおりに
会話のキャッチボールが
できるとは限らない
じゃないですか
しゅん…
面接では思いも
しないところから
質問されることが
あるし…
今日だって…
八十島観光
面接会場
で お聞きしたい
のですが
あなたから提案して
もらった旅行企画
「一人では行きにくい
観光スポット」ですが
YES!!
非常に面白いと
思いました
やったあ！
実際にその企画を実施した際に
どのような経済効果が
期待できると思いますか？
はい!?

経済効果って…そんなの実際にやってみないと わからないいんじゃないの
あ あの…そうですね…あ あると思います…
ちょっと待った！
ビクッ
君 いま適当に答えたでしょ
ギクゥ
ヌッ…
もしかして このあとしどろもどろになって自滅したんじゃないの？
グサッ
ぐはっ
ナポレオンの言葉にこんなのがあるんだけど…

バッ
それなら知ってる！
余《よ》の辞書に不可能の文字はない でしょ！
バーーン
確かにそういう言葉もあるけどそれじゃない
「戦術は科学であり、計画され考え抜かれたものでなければ、成功しない」
つまり「一人では行きにくい観光スポット」がいいとなぜ思ったのか
なぜその企画を考えたのかを突き詰めないと
一人で何故行きにくいのか
・メリット
・デメリット
何故…？
以前一人で行った時に感じたこと…
満足のいく結果は得られないってことだよ
そうなんだ…
戦いについてと同様にスピーチについても真理なんじゃないかな

別に面接に限った話じゃない
スピーチでもこういう失敗はよくあるんだ
行き先もわからないまま気がついたら もうスピーチをはじめていたってことがね
ダラダラと話が長くなる
収拾がつかなくなっているのに話を続けて 結局何が言いたいのかわからない
丸暗記したことをそのまま話しても説得力に欠ける
この三点は気をつけたほうがいいね
BOOK
困ったなあ…
スピーチにはまるでセンスがないからなあ…
でも こんなチャンスがそうそうあるわけじゃないから絶対に断れないし…
ぶるっ
だけど…失敗したら今まで築き上げた信用が全部なくなってしまうんだろうなあ…

ドンッ
読むだけで劇的にスピーチが上達するみたいな本はないものかなあ…
あ 失礼しました
いや こちらこそ…
あれ? もしかして 藤原…?
五十嵐か…?
コト
お茶
話し方専
藤原が大学院に進んだのは知ってたけど
まさか今も大学に残ってたとはなあ…
そういう お前こそ
外資系の企業に就職したんじゃなかったのか?

まあ いろいろ思うところがあってね
それにしても話し方専門店って
いったい何の店なんだ?
縁《えん》あって 就活中の女子大生と主婦とトラックドライバーの人に
話し方を教えることになってね
セミナーみたいなものかこ
そう言えば
五十嵐は高校時代弁論部にいたんだっけ
ゼミの発表でも堂々としてたもんな
それに比べて僕なんか…
…ということであの…

こうした問題に直面した場合に…
えっと…
大丈夫かしら藤原君
この状況はまさに
ルソーの言うラブレターの書き方とそっくりの道筋をたどったってわけだ
つまり 何を言おうとしているのか知らずに話しはじめ
何を口走ったのかわからないまま終わるというあれだな
つまり…私が言いたいのは…
ぶる ぶる

やだ なんか気の毒でもう見ていられない
藤原君って何でも知ってて勉強もできるのに
どうしてあんなことになってしまうのかしら
こういう言葉もあるんだ
知識が整理されていない時
その量が多ければ多いほど思考の混乱は大きくなる一方だってね
今思い出しても不安と恐怖で
体じゅうから冷や汗が噴き出すし
喉《のど》がカラカラになるよ
僕が思うに
藤原はスピーチが苦手なんじゃない
少しばかり準備が足りなかっただけなんだ

たとえるなら最高の食材を用意したのに料理の仕方をまるで考えてなかった
季節の三色アイスでございます
いきなりデザートから?
次にコーンポタージュスープ
それから白身魚とナッツと続きます
いやそれはちょっとおかしいでしょ
メインは大皿に甘いバニラアイスとスパイスを利かせたオニオンスープ
さらに上等の燻製《くんせい》ニシンを混ぜ合わせたものになります

ああっ…
研究発表が話し言葉ではなく文章だったらなあ…
わしゃわしゃ
なぜまた失敗するって思い込むの？
失敗から学べばいいじゃないか
コンコンコン
ガチャ
どうぞ
お客さん？
出直そうか？
いや大丈夫

彼は大学時代の友人で 同じゼミだった藤原君
こわい…
はじめまして
こちらはトラックドライバーの宮本さん
真面目そう…
どうも…
宮本さんは優良ドライバーとして表彰される席でスピーチすることになってね
宮本さんが運転する時の決め事について書き出してみましたか？
うん まあ…
けど 運転する前の日は飲みに行かないとか
充分な睡眠をとるとか
カサ
運転するときにすると決めていること
・必ず早く寝る。
・ゆっくり風呂につ
疲れをとる
しないと決め
飲まない
そんなのばかりだぞ

ところで宮本さんはどうしてそう決めているんです？
それは
事故を起こさないために決まってるじゃないか
運転する時はベストコンディションでいたいんだ
酒が残っていたり睡眠不足だと判断力が鈍ったり睡魔におそわれたりするからな
うん　うん
なるほど
きょっ
では 何がきっかけでそう思うようになったんですか？

教習所で
えーと
事故現場のビデオを見せられたんだ
それまで怖いものなしで生きてきたのに
自分が免許をとってトラックを運転することになって
はじめて 怖いと思うようになった
スッ
では
今話してくださったことをメモにしておきましょう
さまざまな考えや事例を書きとめて内容ごとに分類するんです
ああ そうか…

そうしてできた
メモの束《たば》が
スピーチの主なポイントと
ほぼ一致するんだね
そのメモは
スピーチの時に
持っていても
いいのか？
転するときに
ると決めていること
必ず早く寝る
風呂につかって
ひどく神経質に
なったり 不安に
さいなまれて
言おうとしていた
ことが一言も
思い出せない時が
あるかもしれません
そんな時は
持っていたほうが
安心でしょうね

暗記は
ニガテだからなぁ
でもね
スピーチを
読み上げたり
一言一句覚えようと
したりするのは
やめましょう
え？
暗記はダメなのか？
丸暗記したとして
いよいよ話をしよう
という段になって
内容
丸暗記
その人はいったい
何を考えるの
でしょうか？
伝えたい内容について…
じゃないのか？
いいや
違う

それは単に原稿の字句を逐一思い出そうとしているだけ
前を見ずに後ろ向きに考えているんです
人間の頭の働きに逆らって…
そんなスピーチは全体が硬直していて冷ややかで
精彩にも人間味にも欠けることでしょう
まるでロボットみたいじゃないですか
お願いだから
そんな無用なことに時間や労力を浪費しないでください

そうかあ…いろいろと難しいんだなあ
ハァ
そうでもないよ 藤原の場合は構成とか配置の問題だけだと思うけど
なあ 五十嵐…
僕にも教えてくれないか
助けてほしいんだ ほんとに
わかった
そうと決まれば まずはメモ代わりに パワーポイントを 活用してみようか
了解！
オレもがんばるか
それと万一 立ち往生した時は
その直前に言った 言葉を 次の話の はじめに持って くるといい
応急措置に なるから

まとめ

「有名演説家はどのように準備したか」「記憶力を増進する」

原著「第3章」の読み解き方

「第3章　有名演説家はどのように準備したか」の最重要要点は、カーネギーのこの名言に凝縮されています。

「スピーチは目的地を持った航海ゆえ、海図が欠かせない」

この章の章タイトルにあるように、準備についての著名人の実例紹介を中心にした章で、読み物としても大変面白く、それゆえに他の凡百のノウハウ書が決して持ち得ない内容の深さと、時代を超え再読にも堪える普遍性、すぐれた説得力があります。

要点だけを抽出すれば、以下のとおりシンプルになります。

自分で集めた素材を自分の頭で多角的に考え、構成すること。構成に万能の法則はない。オーダーメイドの服のように仕立てて独創性と個性で着飾ること――。

シンプルな要点ではありますが、その意味するところは、この章で紹介された著名人のさまざまな手法は参考にするとしても、そのまま何のアレンジも加えず模倣して自分に適用することはできない、ということです。

しかし、自分だけにぴったり合う仕立て服であっても、誰にも共通する基本的な様式があり、それが原著で紹介されている数々の即効性あるノウハウです。たとえばここでは、**レコーダーに吹き込み練習する**ことや、メモは準備にだけ使うのはよい、といったことです。メモは、本番ではあくまで緊急時の備え程度にすべきで、**決してメモの丸暗記や読み上げをしてはいけない**と、カーネギーは強調しています。

たいていの人は、話し手がメモや原稿を読み上げるだけの味気ない場面に遭遇したことがあるはずです。ですから、ああいうふうになってはいけないと、誰もが頭ではわかっています。そうならないためには、とにかく準備と練習、そしてちょっとした記憶術（後述）が必要なのです。

おさらいとして、この章の「原則」を以下に掲げておきます。

第3章「有名演説家はどのように準備したか」の原則

1　スピーチは航海であり、海図が欠かせない。行き先もわからず出港すれば、どこにも行き着けない。
2　構成や組み立てについて、すべてに当てはまる絶対確実な法則などあり得ない。
3　一つの話題を取り上げた時には後戻りすることのないよう、すべてを言い尽くす。
4　有名演説家の準備の仕方や構成方法を参考にする。
5　録音し、それを聞いてみる。あるいは、道を歩きながら声に出さずに練習してみる。
6　スピーチで、メモや原稿を読み上げてはいけない。

原著「第4章」の読み解き方

原著の「第4章」は「記憶力を増進する」と題され、準備した話の内容をどう頭に刻み込むかを説いています。

これ以前の「第1章」「第2章」「第3章」は、「話し方」の目的から準備段階までという、自然な時系列に沿った構成でしたが、この「第4章」ではその順序からいったんはずれるかのように見えます。しかし、これは直前の「第3章」で挙げた「メモの丸暗記や読み上げをしてはいけない」という原則を受けての話になっています。メモに頼らないようになるために、記憶力の増進が必要になってくるわけです。

この章の要点は、著名人の実例つきで紹介される「**印象づけ**」「**反復**」「**連想**」の三つの手法です。ただ、「**反復**」はともかく、「**印象づけ**」「**連想**」は、原著を読んだだけでは実践が難しいかもしれません。ウィリアム・ジェイムズ教授の「その事柄、自分の経験をより深く考えるに尽きる」という言葉を、カーネギーは賢察だとして引用していますが、これは効率的な手法というよりも根性論に思えます。

とはいえ、論理的に自然な順序で構成されているなら、連想法で要点を記憶しやすいとも述べていますから、要は充分な時間をかけて構成を練るように、ということでしょう。これも直前の「第3章」で挙げた「人まねでなく自分に合った構成を自分の頭で考えること」という要点からつながってきます。

日本向けの記憶術とは……………

ちなみに、この「第4章」では、記憶術の一例として「名前の覚え方」「年号の覚え方」が盛り込まれていますが、残念ながらこの内容は、英語を母語とした米英（西欧）の人向けになっていますので、実践の際にこの方法を援用する場合は、日本仕様にアレンジ、創作しなくてはなりません。もっとも、既存の歴史年号の語呂合わせ（「七一〇年＝南都きれいな平城京」など）のような長年にわたって口伝えにされ定着している覚え方がありますし、そもそも同音異義語の多い日本語に語呂合わせは向いています。難渋して何か創作をせねばならない、というほどのことはなく、むしろ英米や西洋人よりも日本人はこの方法が得意のはずだと自信を持って、自分の話す内容に合った記憶術や連想法を採り入れればよいでしょう。

また、「第4章」の章末には、スピーチ本番で立ち往生してしまった際の時間稼ぎの方法も示されています。言おうとしたことを忘れてしまうのは誰にもあることですが、とりわけ大勢の人前で話す際にそうなった場合、うろたえてしまいパニックになることがあります。その際にカーネギーの勧める**応急措置**は、誰にも役立つ実用的で即効性のあるアドバイスになっています。

第4章「記憶力を増進する」の原則

1. **記憶の自然法則は、印象、反復、連想の三つ。**
2. **要点を覚えるには、それぞれを論理的な順序に並べること。**
3. **もし言おうとしていたことを突然忘れてしまったら、応急措置でその直前に話した文句を次の話の頭に持ってくる。**

郵便はがき

料金受取人払郵便

河内郵便局
承　認

302

差出有効期間
平成31年11月
30日まで

(期間後は切手をお貼り下さい)

578-8790

東大阪市川田3丁目1番27号

株式会社 創元社 通信販売 係

創元社愛読者アンケート

今回お買いあげいただいた本

[ご感想]

本書を何でお知りになりましたか(新聞・雑誌名もお書きください)

1. 書店　2. 広告(　　　　　　)　3. 書評(　　　　　　)　4. Web

5. その他(　　　　　　)

◉この注文書にて最寄の書店へお申し込み下さい。

書籍注文書	書名	冊数

◉書店ご不便の場合は直接御送本も致します。

代金は書籍到着後、郵便局もしくはコンビニエンスストアにてお支払い下さい。(振込用紙同封) 購入金額が3,000円未満の場合は、送料一律360円をご負担下さい。3,000円以上の場合は送料は無料です。

※購入金額が1万円以上になりますと代金引換宅急便となります。ご了承下さい。(下記に記入)
希望配達日時
【　　月　　日 午前・午後　14-16 ・ 16-18 ・ 18-20 ・ 19-21】
(投函からお手元に届くまで7日程かかります)

※購入金額が1万円未満の方で代金引換もしくは宅急便を希望される方はご連絡下さい。

通信販売係　Tel 050-3539-2345　Fax 072-960-2392
Eメール tsuhan@sogensha.com
※ホームページでのご注文も承ります。

〈太枠内は必ずご記入下さい。(電話番号も必ずご記入下さい。)〉

お名前	フリガナ	歳 / 男・女
ご住所	フリガナ □□□-□□□□ E-mail: TEL　　－　　－	

※ご記入いただいた個人情報につきましては、弊社からお客様へのご案内以外の用途には使用致しません。

第3話

何を話すかではなくどう話すか

まとめ

「スピーチの成功に欠かせないもの」
「上手な話し方の秘訣」

昨日発売された
写真週刊誌
見たかい？
「なでしこの新星
キュートでクールな
大島愛」でしたっけ？
まさに〝メグタン〟
効果でしょうね
強化試合でもこれだけの
観客を呼ぶんだから
ワァァァァ
メグタンForza
ザッ！
チラ
パスするよ

ドシュッ
しまった
読まれてる…
ダッ！
ギッ
ズザアアーッ
ピッピッ
ピィーッ
やったね！

メグターン!!
すごいぞー!!
メグターン!!!
大島さん
快勝おめでとうございます
どうも…
六点中四点が大島さんのゴールでしたが…
ハラハラ
そうですね…
サッカー部監督
吉井葉月《よしいはづき》(30)
一月の全日本高校女子選手権からずっと好調を維持しているようですね
さあ…自分ではわかりません
大島さんは現在U—17日本女子代表選手ですがインターハイでの活躍次第では
トップチームに呼ばれるのではないかという噂《うわさ》もありますね
ズイッ
さあ…
みなさん いつもありがとうございます

全日本高校女子選手権が終わってから
練習中に大島を含め全員のプレーを細かく止めて意図を聞くようにしました
それが瞬時の判断力向上に結びついていると思います
ところで大島選手ファンの男の人から〝メグタン〟と呼ばれることについてどう思われますか？
はあ？
ありがとうございました
選手はみんな走り続けて疲れておりますのでこのへんで
相変わらずの塩《しお》対応だねえ
でもそれが〝ツンジョ〟だのと言われてマスコミに取り上げられるんだから
わからないものですねえ
失礼します

こらこら私の部屋はトイレじゃないんだから
ノックは三回って教えたでしょ
えーっ面倒くさい
ペろ
何を言ってるのこれから海外に行く機会も多くなるんだから
マナーぐらいしっかり身につけておかないでどうするの
ところで大島さあ
人見知りなのは仕方ないけど
フォローするの大変なんだよ
もうちょっとインタビューの受け答え何とかならない？
うーん…
どう答えていいのかよくわからないし…
キッパ
少しは慣れようよお願いだから
がくっ

ねえ
知ってた?
新星
クールな大島愛
全日本高校女子選手
創大付属のストライカ
今年の高校選手権で大活躍したこの子って
地元の子なんだよ
うんうん
まだ一七歳なのに日本代表候補なんだから…すごいよねえ
座って座って
そうらしいね…
それに比べてあたしなんか
明日がどこにあるのかもわからない…
コラコラ
おいおい…次の面接に備えて最近の政治・経済の記事をチェックしてたんじゃなかったのか?

はーーーー
あー もうどうでも よくなってきた…
フゥ
卒業式も 間近だっていうのに ひとつも内定が もらえないいんだよ
五十嵐さんに いろいろ教えて もらったのに
人前での恐怖心は ちっとも克服 できないし
自信もない…
あたしみたいな 落ちこぼれは
ぎゅ
就職なんか できないんだ きっと
別に第二新卒でも 中途採用でも いいじゃないか
もういいもん 就活なんか やめてやる
トントン

はーい
入ってまーす
ん？
何でトイレみたいな
返事なの？
お客さんですよ？
知らなかった？
プロトコールマナーと
いって
トイレは二回
W.C.
コンコン
家族など
親しい間柄は三回
コンコンコンコン
はじめて訪れる
場では四回
コンコン
コンコン
ビジネスの場は
省略可能で三回という
国際標準マナーが
あるんだよ
面接会場
そういえば…
面接会場
コンコン
次から
気をつければ
いいさ

トントントン
ガチャ
どうぞ
すみません…
つい癖《くせ》で あと一回を忘れてしまうんですよね
カタッ
もしかして大島愛ちゃん！
はは はい
キャーッ
本物だあ！
写真撮ろう写真！
カワイイ！
テンションの振り幅が大きいな君は
ごめんねびっくりしたでしょ
どうぞ座って!!
保存～
愛ちゃんのためなら何でも相談に乗るよ
はい
あの…

なるほどね
要約すると
これから取材やインタビューを受ける機会も多くなるのに
ちゃんとしゃべる自信がない と
コクン
できれば 劇的に話し方が上達する特効薬みたいなものを 教えていただけたらありがたいんですけど…
わく わく
はいはーいっ
あたしもそれがいい!
例えば サッカーを含めスポーツも芸術も
習いはじめは絶え間なく進歩し続けるというものではないよね
ええ まあ…
私もそうだったし

成長期みたいに急に上達することがあると思えば
ある日突然ばったりと動きが止まったり
場合によっては後退したり
それどころか 今までうまくできていたことが急にできなくなることだってあるんじゃないかな
…そうですね
こうした停滞期もしくは後退期は
心理学の研究によってよく知られていて
ずん
「学習曲線における平坦部《プラトー》」と名づけられているんだけど…

大島さんは
スナイパーと
言われるぐらい
フリーキックが
得意なんだって？
この雑誌に
そう言えば
最初から
得意ってわけじゃなかったな…
ハァ ハァ
愛
お前が蹴れよ
え？
大島愛（11）
いや
あたしは…
…
わかった
俺が蹴るよ
きゅ

帰ろうぜー
おーい!!
あたしも
帰ろうかな…
ハァ
ハァ
キッ
ダメダメ
下手《へた》くそが
練習しないで
どうするの…
ダ
ガシュッ
ザ
シュッ
今のだ
今みたいに蹴れば
いいんだ
ハァ
ハァ
ビクッ
途中で投げ出さずに
よくがんばったね

へこたれずに続けた人は
何がどうなったのかわからないまま
自分が一夜にして飛躍的進歩を遂げていることに気がつくんだ
話し方専門
談
いいかい二人とも
スピーチも同じだ
飛行機のようにプラトーから離陸するには努力を続けないといけない
リンカーンが昔上院議員選挙で敗れた時…
リンゴの人だっけ？
それはニュートンだよ
確か桜の枝を折った人だよね
それはジョージ・ワシントン
エイブラハム・リンカーン

リンカーンは奴隷解放に尽力した第一六代アメリカ合衆国の大統領で
五ドル紙幣の肖像画の人だよ
で リンカーンはその時こう言ったんだ
一度の敗北はおろか百度の敗北にもあきらめてはいけない と
では来年度
いろいろご迷惑をかけることもあると思いますが よろしくお願いします
それでは失礼いたします
助かりましたありがとう
いいのよ気にしないで
でも フォローしてあげられるのはここまで
新年度がはじまればあなたが社宅の代表で
会議の司会進行役なんだからね

定刻となりましたので総会をはじめさせていただきます…
って言ってから
昨年度の行事と会計の報告があって新年度の行事予定か…
しっかりしないといけないんだけどやっぱり不安だし緊張してしまう
パサ…
司会進
ん？
四〇代後半の女性会社員
会議の司会が苦手でどう進めればいいのかわからなくなりますか…
話し方専門
談
私だけじゃないんだなぁって思って
「意見を求められても考えがまとまらずうまく答えることができません」
というところがですか？

ほかにも
「人からは
頼りにならない人
能力のない人だと
見られていると
思います」って
書いてあって…
相談コ
他人事と
思えなくて
得手《えて》不得手《ふえて》
得意不得意というのは
誰にでもあります
どうぞ
だけどスピーチに
限ってはやり方というか
コツを知れば 案外
克服できるものです
例えば…
グゥー
すみません…
さっきまで
女の子二人の相手してて
お昼ごはん
まだだったんですね
私もまだですから
いっしょにどうですか？
クス
クス

すまる食堂
さっき…例えばのあと何をおっしゃろうとしてたんですか？
ああ そうそう
例えば 僕と品田さんがまったく同じ経験をしたとしましょう
二人とも ほとんど一言半句違わない同じ内容の講演をしたにもかかわらず
同じ経験
なぜか同じ話にはまったく聞こえない
そんなことがあり得ると思います？
それは…私と五十嵐さんの話し方の違いで そう聞こえるんじゃないですか？
慣れ不慣れ 上手《じょうず》下手《へた》はさておき 内容のある話には 単なる言葉以上の何かがあります
それは話とともに伝わる味わいとでも言うべきものです
味わい…ですか

そう
大切なのは何を話すかではなく
むしろどう話すかということなんです
それは…話す内容以上に話し方が大事だということですか？
僕は高校時代弁論部にいました
今までいろいろな弁論大会や発表を見てきて思ったことは
話の内容が一番よかった学生が評価されるとは限らないということです

そうなんですか？
きょっ
評価されるのは
あー
むしろ話し方が上手で
あむっ
内容が一番よいように思わせることのできる学生なんです
おいしそうに食べますね
私もつられていっぱい食べてしまいそう
うまいものをうまそうに食べる…
一見当たり前のようですが第三者へ与える印象は
さっきお話しした何を話すかではなくどう話すかに通じます
おまちどぉ
ああ…そうかあ

緊張していても聴衆の頭の向こうを見つめたり
床《ゆか》に目を落としたりしてはいけませんよ
ひとりごとを言っているようにしか見えませんから
はい
重要な言葉を強調すること
声の調子を変えること
話す速度を変えること
重要なポイントの前後に間を置くこと
この四つのポイントは司会進行でもスピーチでも大事です
わかりました
緊張しますか？
あ　はい
それはもうとっても…

確かにたくさんの人がいると
最初の数分間には一時的な恐怖
何らかのショックや不安が常につきまとうことでしょう
コト
でも ちゃんと準備して
努力を続けさえすればやがて
その最初の恐怖以外の心配は何もかも一掃《いっそう》できます
しばらくしゃべればあとはもう足が地につき
それから先はむしろ心楽しくなりますよ

まとめ

「スピーチの成功に欠かせないもの」「上手な話し方の秘訣」

原著「第5章」の読み解き方

「第5章」は「スピーチの成功に欠かせないもの」と題し、初期段階の心がまえや準備などとはまた別の、「話し方」を学ぶ際に必須の要素を挙げていきます。それは一言で言うなら「継続は力なり」ということです。

どんな習い事や勉強でも、仕事上の技術習得でもスポーツであっても、初期の急成長がいったん止まって停滞する段階が訪れます。これを心理学上では「**学習曲線における平坦部**《プラトー》」と呼んでいるとカーネギーは紹介します。あまり馴染みのない言葉ですが、著名人だけでなく一般人の実例つきで紹介してあるため、この意味するところは理解が容易です。挫折や頓挫ということを知らない極めてまれな人を除いて、ほとんどの人が経験してきたことでしょうから。

この停滞期や後退期の段階で挫折してしまう人が実際にとても多いわけですが、今一度根気を持って継続しよう、すると知らぬ間に飛躍しているから、とカーネギーは諭しています。

数多くの受講生に「話し方」を教えてきたカーネギーにとって、スピーチの上達に成功する人は、凡人で、かつ願望を持ちつづけ努力する人だというのは、実証ずみの真理なのでしょう。特別な才能に恵まれない大多数の普通の人にとっては、自分にもできると思わせ、励ましの言葉になります。もっとも、だからたやすいこととは決して言えず、根気を持ちつづけて努力をするか否かは、その人次第です。

原著『カーネギー話し方入門』もこのあたりで中盤を迎え、独習においても、受講生であっても、ちょうど停滞期がやってくる頃であり、時系列として自然な流れです。また、途中で挫折しやすい受講生の姿をたくさん見てきているからこその、よく考えられた構成になっています。

今一度、この章の「原則」をおさらいし、以下に挙げておきます。

第5章「スピーチの成功に欠かせないもの」の原則

1　学習途上の停滞期を乗り越えるには、粘り強く練習を続けること。
2　スピーチ直前の不安は、努力を続ければ消し去ってしまえる。
3　上達した自分の姿を思い浮かべる。

原著「第6章」の読み解き方

本書序盤の「第1章」「第2章」「第3章」では、主に「話す内容」に注力してきましたが、この「第6章」では「上手な話し方の秘訣」と題し、「話す内容」だけでなく「話し方」にも着目するように、視点を変えるようにと促します。

「大切なのは何を話すかではなく、むしろどう話すかということだ」とカーネギーは述べ、ピアニストや画家の例を挙げて、同じ楽譜や楽器であっても、同じモチーフを描いても、表現する人によって受け手にはまったく違って聞こえたり見えたりすると説明します。あるいは、大学の弁論大会でもよくあるように、話の内容が一番よかった学生が優勝するとは限らず、優勝するのはむしろ、「話し方が上手で、内容が一番よいように思わせる」ことのできる学生だと言います。

話の内容は二の次と言っているわけではなく、いくら話の内容を周到に準備していても、話し方が悪いと台なしになるという意味で、原著の序盤で述べてきた準備の要点に矛盾するようなことをあえて言い、強調しているのです。

話が聞き手にうまく届かないのには、何か障害があると考えられます。話の届け方を、たとえば配達人のように「**丁寧に**」、窓が光を通すように「**自然に**」、大勢の人前で話す場面であっても、日常の**会話口調**で「**普通に**」話すとよいとカーネギーは言います。また、そのように心がけることが、各人の個性にもなっていきます。

大勢の前で話す場面であっても、自然体で普通の話し方をするには、スピーチ本番で聞き手から「質問を受けた」と想定してみてもいいと、わかりやすいコツを一つ挙げています。そして、想定された質問を繰り返し練習することに尽きると言います。話し手と聞き手の問答を想定することで、自然な会話口調に導くのです。

また、聞き手の頭の彼方を見つめたり、床や手元のメモに目線を落として話すのは、相手と話をしているのではなく、単なる「ひとりごと」になってしまうと注意しています。要するに、一方的に話すのではなく、話し手と聞き手の相互コミュニケーションに導くことが肝要だと言っているのです。

具体的な「話し方」の実践例

この「第6章」では、具体的な話し方の技法も紹介しています。発話方法といっても差し支えないのですが、その実践的な手法とは、「**重要な言葉を強調し、重要でない言葉は軽く言う**」「**調子を変える**」「**話す速度を変える**」「**重要なポイントの前後に間を置く**」の四つです。ただし、ここで示される文例は英語を翻訳したものであるため、援用する場合は日本仕様に若干アレンジする必要があります。現代においても、アメリカのカリスマ経営者や大統領のスピーチ術を紹介した本が日本で盛んに出版されていますが、発話法は言語や民族によって違い、そのまま採り入れるのは難しいものです。上記の四つの技法を意識するあまり、不自然に抑揚をつけたり、変な間を置いたりすると、かえって逆効果になるでしょう。自分の個性を反映した、自然な抑揚と間をつける話し方は、経験を重ねることで少しずつ体得できるはずです。

第6章「上手な話し方の秘訣」の原則

1 **何を話すかではなく、むしろどう話すかが大切。**
2 **聴衆の頭の向こうを見つめたり、床に目を落としたりしてはいけない。**
3 **人の真似をしてはいけない。日常会話のような自然な話し方で、個性と自分独自の手法を盛り込む。**
4 **上手な話し方の秘訣は、「重要な言葉を強調する」「声の調子や話す速度を変える」「重要なポイントの前後に間を置く」。**

第4話

❖

話の出だしが成否を分ける

まとめ

「話し手の態度と人柄」
「スピーチのはじめ方」

あのねえ…
いいですか
お二人さん
ズゥウウゥンン
この世の終わりみたいに
なるのは　やめましょうよ
表彰式も最終面接も
明日なんだから
いい意味で開き直る
ことも大事です
他人事だと思って…
スッ
気安めなんか
いらないんだよ…
うわあ…
酔っぱらいより面倒くさい

どうせ
あたしなんか
どこにでもいるフツーの女子大生だし
それを言うなら
俺なんて高校中退だぞ
そういう考え方はよくないですね
パタン
その昔 アメリカのカーネギー工科大学が著名なビジネスマンを対象に知能テストを行ったことがあります
知能テスト
その結果
ビジネスで成功するかどうかは知能よりもむしろ人柄のいかんにかかっていると発表しました
このことはビジネスマンに限らず
教育者や専門職にある人
また一般の話し手にとっても
非常に重要な意味を持ちます

例えば今の お二人さんのように 最初から あきらめムードの やけっぱちで
あたしらのことなんて 放っておいてくれよ
何をジロジロ 見てんだよ
表彰式や面接に 来られたら 相手の人たちは どう思うでしょうね
大事なことは 言葉ではなく 話し方です 人柄こそ何よりも 大切な要素だと 肝に銘じてください
けど 俺なんか もともとイメージが よくないし…
ハァ
それは まわりのみなさんが 知らないだけです
明日のスピーチは ほんとうの宮本さんを みなさんに 知ってもらえる
いいチャンス だと思いますよ
もしお二人さんが 自分の個性を最大限 生かしたいと思うなら しっかりと休養 しておくことです
疲れた 話し手には 人を引きつける 力も魅力も ありません
ZZZZZZZ

でも…まだ何かしておかないと不安で
ここまで来たら一夜漬けとかやっつけ仕事に意味はありませんよ
準備
大会
スポーツの「流した汗は嘘《うそ》をつかない」と同じで
準備と計画がすべてです
大丈夫
僕が教えたことを本番で実践すればいいだけですから
きゅっ
こっち向いて
ネクタイにスーツなんて私も見るの はじめてじゃないかしら
でも似合ってるわよ 真一君

周平もそう思うでしょねえ
じーーっ
？
？
勘弁してくれよ
あいつがあんなこと言わなければ…今からでも脱ぎ捨てたいぐらいだ
表彰式に着ていく服ですが…
普段着というわけにはいきませんよ
そうなのか？
その前に
今日もどこかでさまざまな講演やセミナーが催されていますが話し手によって人の引きつけ方に違いがあるのは
？
話題のせいだということだけで
説明がつくと思いますか？

答えはNOです
それ以上に
話し手自身に
原因がある
ことが多い
!?
!?
では
聴衆が話に
引き込まれる
のはどういう
時か？
それは話し手が
自分の題材に
誰よりも興味を
持っている時です
な　なるほどな…
今回のスピーチは
宮本さん自身にしか
話せない題材です
ビシッ
それを活かす
ためにも
身だしなみよく
非の打ちどころの
ない装いをしている
ことを自覚し
意識することです
成功しそうな
外見をしていると
いかにも
成功しそうな
気がするように
服装から受ける
印象は非常に
大事です
それに第一
聴衆は身なりに
気を配っていない話し手に
敬意を払いません
ボロッ

空腹だと力が出ないからなあ…
緊張してもお腹はすく
最終面接なんだからしっかり受け答えできるようにカロリーとっておかないと!!
FISH SPECIAL FOOD
そう言えば…
ねえ 五十嵐さん
五十嵐さんはスピーチとかで失敗したことはないの?
それは ありますよ
話し方専
談
最近だとFM☆テンポで「闇鍋《やみなべ》の時間」を担当しはじめた最初の頃
ガッ
ガッ
ガス欠にならないようにとたっぷり食事をとったことかなあ…

?
スピーチに何か関係あるの？
おおありさ 食欲を満たしたおかげで自分自身にも話の題材にも
自分の体にもそれぞれの持ち味を充分発揮させることができなかったんだから
意味わかんない…
そうかわからないか…
あの日僕の脳にあるべき血液は
大盛りのご飯を消化するために胃に行ってしまっていたんだよ
何も食べなくて大丈夫？
緊張してるが何も喉《のど》をとおらないってほどじゃない
馬子にも衣装だな
緊張でメシも食えないみたい

あきちゃん
いいこと
教えて
やろうか？
こそっ
大切な話を
する時は
食欲に用心
しないと
いけないし
休息して
エネルギーを
蓄えておかないと
いけないんだぜ
それでは…
入社以来　遅刻も
配送ミスもなく
無事故無違反で
仕事を続けて
こられた
宮本真一さまより
ドライバーの
心がまえについて
お話いただきたいと
存じます
落ち着け…
ちっとも面白味が
ないからな
俺の話なんて

もしかして宮本さんは
芸人さんのように面白い話のひとつでもして ウケないといけないと思ってたりします？
そこまでは思ってないが…
パタン
確かにスピーチにはいろいろな能力が求められます
しかし 聴衆を笑わせる能力ほど
身につけるのが困難で
しかもめったに身につかないものはありません
それとユーモアのためだけに面白い話をする必要などありません
ガタ
するとしたら題材に関連した論旨を明確にするためのものでなければいけません

そんなことより…
ここの端々《はしばし》に出てくる「私ごときが」とか「力不足」とか
私ごときが
無事故無違反で
力不足では
これから仕事
そういうのはスピーチに必要ないです削りましょう
あと気になったのは冒頭の部分ですね
いきなり本題に入るよりも
聴衆の好奇心をかき立てるようなツカミがほしいですね
うーーん
出だしがうまくいけば興味を持って聞いてもらえること請《う》け合いなんですが…
例えばどんな?
そうですねえ

具体例を挙げる
何か品物を使う
質問をする
印象的な言葉を引用する
ショッキングな事実についての話…
とかですね
あ！
それならこういうのはどうだ？
ドキドキ
ドキドキ
ただいまご紹介にあずかりました
宮本真一です
まず笑顔
温かい反応を誘い出すような態度で接するんだったな

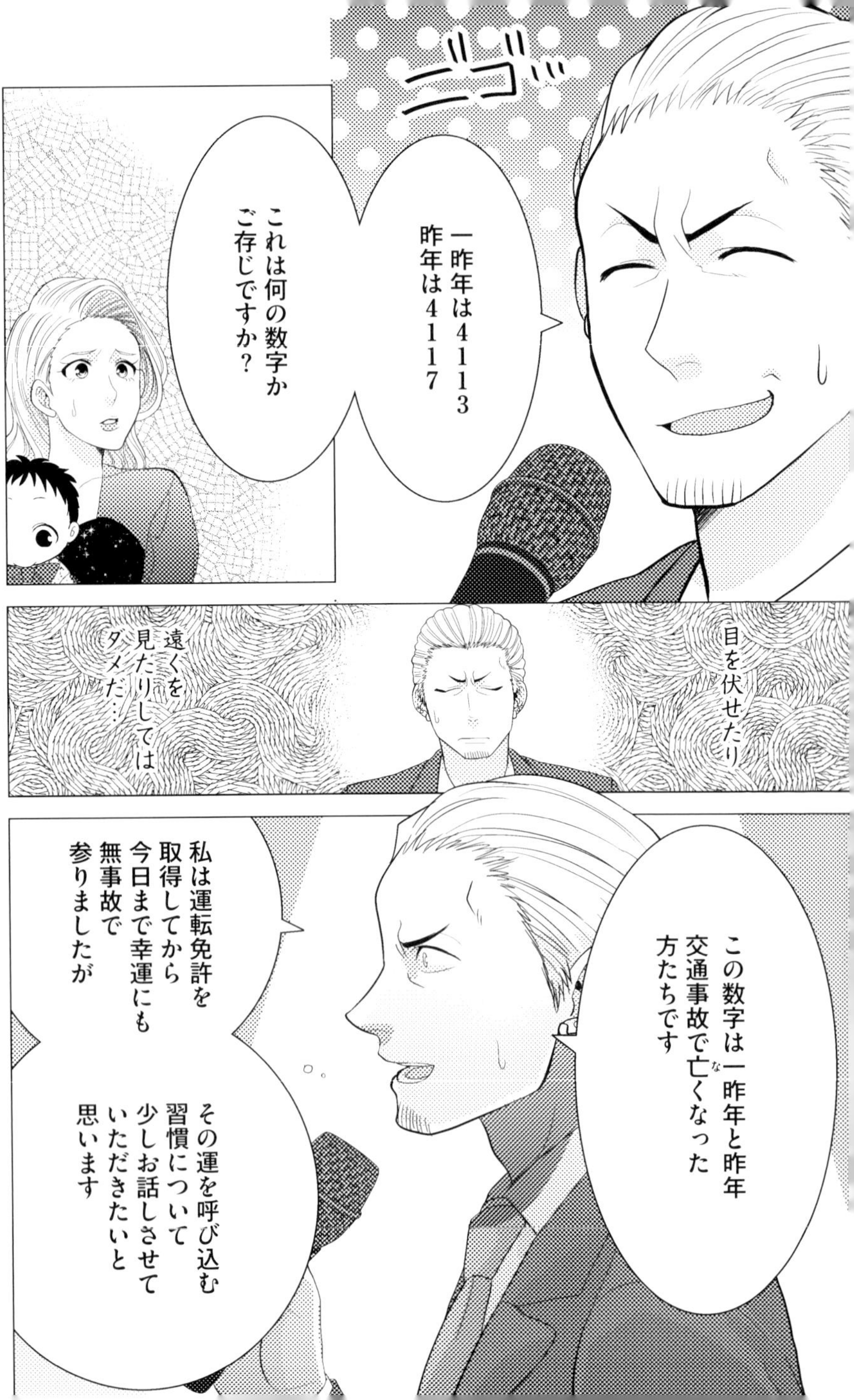

ゴゴゴ
一昨年は４１１３
昨年は４１１７
これは何の数字か
ご存じですか？
目を伏せたり
遠くを
見たりしては
ダメだ…
この数字は一昨年と昨年
交通事故で亡《な》くなった
方たちです
私は運転免許を
取得してから
今日まで幸運にも
無事故で
参りましたが
その運を呼び込む
習慣について
少しお話しさせて
いただきたいと
思います

盛田さんは管理栄養士養成課程を履修しておられるんですね
はい
珍しいね どうして旅行会社を志望されたのですか？
栄養士の勉強をしてきた私なら
小麦NG
エビNG
卵NG
食事制限のある人やアレルギーの人にも安心して参加できるツアーを提案できると考えたからです

小学生の頃から
職質《しょくしつ》されるほど悪党顔と言いますかいかつい顔をしておりますが
アハハ
クスクス
実はとても心配性なんです
トラックはひとつ間違えば
暴走する凶器です
だからベストコンディションで運転できるように
免許を取得した日に二つの誓いを立てました
BEER
前日に飲酒をしないこと
そして充分な睡眠をとること

この二つの誓いは
今日までずっと守ってきました
今まで飲み会を断ってばかりでごめんなさい
生まれ持っての口べたと無愛想が災いして
うっ
付き合いの悪い男だと思われているかもしれませんが
実際は転ばぬ先の杖で石橋を叩いて渡る臆病者なんです
フッ

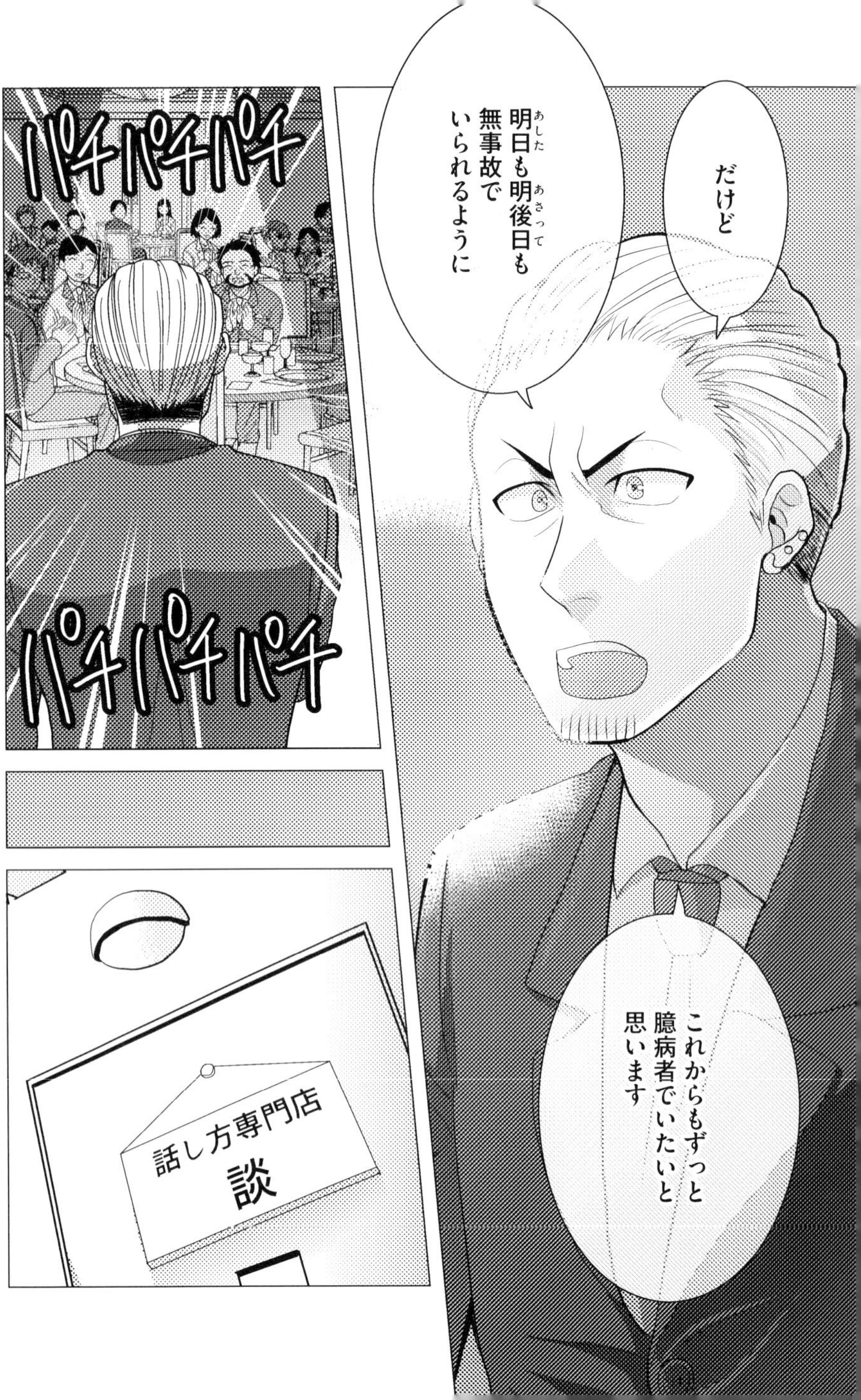
だけど
明日《あした》も明後日《あさって》も
無事故で
いられるように
パチパチパチ
パチパチパチ
これからもずっと
臆病者でいたいと
思います
話し方専門店
談

ひょこっ
不用心だな…鍵もかけないでどこ行ったんだろ?
五十嵐さんいつも何の本読んでるんだろう
ペロ
?
カーネギーって誰だろう?
D・カーネギー
【新装版】
よお来てたのか
ビクッ!

ドサ
ドサ
ならもう少し待ってから買い物に行けばよかった
荷物もってもらえたのに
ホッホク
たい焼
コロッケ
わあおいしそう
もう少し待っててね
お腹《なか》をすかせた女子大生が戻ってくる頃だから
ん？
あっ…ごごめんなさい
五十嵐さんがいつも何の本を読んでるのかなと思って…
デール・カーネギーの『話し方入門』だよ
この本は僕の原点であり教科書なんだ

原点？
そう
壁にぶつかった時
迷った時
答えが
見つからない時は
いつも
読み返してる
期待のまなざし
その本に
どうすれば
いいかが
載ってる
んですか？
最終的な
答えは
書いてない
何だ…
考え方を
気づかせて
くれるんだ
答えは自分で
探さないと
いけないんだけど
この前も言ったけど
読んでわかったような
気になるのが
一番ダメなパターン
読んで試して
実践できるように
ならないと
トサ
D・カーネギー
話し方入
DALE CARNEGIE
創元社

蹴り方を教わったからって
上手《うま》く蹴られるとは限らないのと同じだよ
お腹《なか》すいたーっ！
バタン
お腹《なか》がすいて力が出ないよ～
面接が終わったとたんあまり食べてなかったのを思い出してしまって…
おう　お帰り
そう言うと思ってさっき買い出しに行ってきたところだよ
ありがとう五十嵐さんのそういうとこ大好き！
調子のいいヤツだ
むぐ？
今日は落ち込んでないんだな

結果はわからないけど
今までみたいに
「ああすればよかった」とか
「なんでこうしなかった
んだろう」みたいな
後悔はない
教えてもらったことを
自分なりに理解して
ちゃんとできた
っていう
充実感はある
ニヘ
ガチャ
無事にやり遂げて
きたぞ！
宮本さんも
離陸したんだ…

まとめ

「話し手の態度と人柄」「スピーチのはじめ方」

原著「第7章」の読み解き方

「第7章」では「話し手の態度と人柄」と題し、人前で話す場面やスピーチ本番を迎える直前にふまえるべき大切なポイントを説きます。

この章には具体的な実践ノウハウがたくさん盛り込まれています。短期間で容易に実践できることも多く、本番前の備忘録や注意書き代わりにするとよいでしょう。

ただし、本章の冒頭で記された「**人柄**」については、短期間でどうこうできる性質のものではありません。人柄は、人前で話す場合に何より大切な要素だと強調しつつも、根本的に変えるのも非常に困難だとカーネギーは正直に述べています。

人柄は変えにくいものだから、せめてそれに代わることをしようではないか、というのが、カーネギーの提案です。たとえばそれは**態度**や**身なり**、**ふるまい**をよりよくしようということです。聞き手によって、話しはじめる前からすでに値踏みされているという脅しも込めながら……。

まずは身だしなみを整えること。清潔で魅力的な身なりをすれば、聞き手の印象をよくするだけでなく、よい服装をしているという意識が話し手の自尊心を高め、自信を増すという副次的効果も挙げています。

次に態度として、笑顔で人前に立つこと。温かい態度や笑顔が、聞き手のよい反応を誘い出すことになります。そして、活力ある状態で本番に臨むために、しっかり休息しておくことが肝要と述べます。ありがちなことですが、周到な準備を怠り、前日から一夜漬けで、あるいは時に徹夜したりして本番に臨むのは最悪ということです。本番直前には食事も控えめにしておくべきで、満腹状態では頭が働かないと諭します。

もっと具体性のあるアドバイスとなっているのが、本番が行われる場所の環境整備です。「**聴衆を一カ所に固める**」「**空気を新鮮に保つ**」「**明るくす**

る」「**壇上に余計な物を置かない**」「**壇上に余計な人も上げない**」の五つです。聞き手の気を逸らしたり、集中力をなくさせるような要素は、事前にできるだけ排除しておきたい、というわけです。これらは、その場の条件が許せば、本番直前にすぐ実践できる原則でしょう。

数々の具体的なノウハウが込められたこの章の「原則」をおさらいし、以下に挙げておきます。

第7章「話し手の態度と人柄」の原則

1 人柄こそ（準備は別として）、聴衆を前に話す場合には何よりも大切。
2 疲れた状態で話をしてはいけない。休息してエネルギーを蓄えておく。
3 話をする前は、食事を控え目に。
4 身なりはきちんと魅力的に。
5 笑顔で聴衆の前に出る。
6 話す場を整える秘訣は、「聴衆を一カ所に固める」「部屋の空気を新鮮に保つ」「壇上を明るくする」「気の散るものは壇上から取り除く」。

原著「第8章」の読み解き方……

「第7章」では「スピーチのはじめ方」と題し、ここでいよいよ本番を迎えることになります。話しはじめのタイミングは、話し手が最も緊張を強いられ、それゆえ失敗しやすい場面でもあります。

まず、初心者が陥りやすい落とし穴を二つ挙げています。「**笑わそうとするな**」と「**おわびをするな**」です。冒頭で笑いを取るのはプロの司会者や芸人でも容易ではないのですが、なぜか初心者は聞き手を笑わせないといけない、と考えがちです。

きっと、この穴に落ちてしまう人が多いのでしょう。「聴衆を笑わせる能力ほど、身につけるのが困難で、しかもめったに身につかないものはない」「ユーモアのためだけに面白い話をしない。するとしたら題材に関連した、論旨を明確にするためのものでなければいけない」とカーネギーは繰り返し、注意を喚起しています。

また、最初におわびの言葉からはじまる拙いスピーチを聞く機会も、結構多いものです。準備不足の言いわけもあり、自信のなさの表われでもあり、謙遜もあるのでしょう。どんな理由があるにせよ、聞き手には決してよい印象を与えない、話すことでマイナスにしかならない言葉です。

ともあれ、笑わせない、おわびをしないといったこんな単純なことでも、通常私たちは学校教育などで教えてもらえる機会がありません。カーネギーの著書を読んだ人だけが知ることができるノウハウも数多く、読んで反芻することで、実践できる機会や成功する可能性も広がるのです。

なお、この章では、話しはじめにやってはいけないことだけでなく、出だしで実践するとよい工夫や手法もいくつか紹介しています。かなり具体的なアドバイスで、**「聴衆の関心を惹く話を持ってくる」「最初に具体例を挙げる」「何か品物を見せる」「質問をする」「著名人の印象的な言葉を引用する」「ショッキングな事実を挙げる」**などです。これらのすべてに言える主眼は、話を一般論や抽象論でなく、具体化、現実化することです。

ここで聞き手の関心を惹くにあたって留意したいのは、**「人は自分のことにしか関心がない」**という人間の根本原理です。カーネギーの代表作である『**人を動かす**』でも繰り返し登場する原則ですが、本章でも強い口調で述べています。原著の最終目的も、対人関係や人づきあいをよくし、人生を成功させてこその「話し方」だと言えます。

第8章「スピーチのはじめ方」の原則

1　**スピーチは出だしが重要。前もって周到に準備しておく。**

2　**前置きは短いに限る。**

3　**ユーモラスな話やおわびの言葉、言いわけでスピーチをはじめてはいけない。**

4　**聴衆を即座に引きつける秘訣は、「好奇心を起こさせる」「人間味あふれる話をする」「具体例を挙げる」「品物を使う」「質問をする」「印象的な言葉を引用する」「聴衆の関心事に結びつける」「ショッキングな事実を挙げる」。**

5　**形式ばった堅苦しい話を避け、気楽で、さりげない、自然な印象を与える話題を取り上げる。**

第5話

上手な締めくくりかた

まとめ

「スピーチの終わり方」
「わかりやすく話すには」

よし…
これで大丈夫だ
方専門店
談
プルルルルッ
プルルルルッ
も
もしもし…
ん？
藤原か？
うん
わかった…
次からは
メールで
大丈夫だから
そうだな…
明日来てくれれば
感想を伝えるよ
2:41
明日というか
もう今日だな…

そう言えば　あいつ…昔から　夢中になると　まわりがまったく　見えなくなる　タイプだった　もんなあ…
あれはたしか　一〇年前…
すまん これから　会議があるから　施錠《せじょう》したいんだ　帰ってもらえるかな？
はーいっ
す　すいません…
ドッ！
もう少しだけ　いてもいいですか？　調べたいことが　あるんです　お願いします
そうか…　それなら仕方がないなあ
ありがとう　ございます！

じゃあ
トサッ
僕が戻ってくるまで留守番を頼むよ
コソッ
ダメですよ先生
夢中になると何も聞こえなくなるんですよ
藤原の耳は
生真面目で熱心で…それが時にまわりが見えなくなって
おまけに頑固で素直に人の意見に耳を傾けない…
NO!
そんなタイプだったよな…
クズ

おはよう
ございます
おう
おはよう
なあ…
今度 シフトが合えば
飲みに行かないか?
ソフトドリンクでも
いいから付き合えよ
あ…
ぜひお願いします
ビクッ
宮本さん
いつもありがとう
よかったら
少し休んでいくかい?
おいしい
お菓子あるよ
スーパー
IWAKI

いえ
大丈夫です
え――
ありがとうございます
話し方専
談
？
どうしてみんな俺に話しかけてくるんだ？
それ 私も同じような経験しましたよ
何か変な感じでな
照れくさいというか… 慣れないんだよ
でも どうして急に声をかけてくれるようになったんだろう…
う――ん

それはきっと
これまで〝できない〟とか〝無理〟とか決めつけていた
そんな苦手意識を克服できたからだと思います
実は今すごく楽しいんです
人前で話せること
それに世の中のお役に立てること
どちらもが私の人生でかけがえのない大きな喜びになりました
二人とも教えがいのある生徒でしたよ
とにかく話せるようになりたいっていうその思いに
いい加減なところはみじんもなかったからね

空気だオレ…
出直そうか？
ハハハ…
僕は学会で発表する原稿のことを聞きに来ただけだから
バーン
まあそう言わずに…
遅くなってごめんなさい
よかったまだはじまってませんよね…
ハァ
ハァ
何がはじまるんだ？
教え子がテレビに出演するんだ
といっても地元のケーブルテレビだけどね
ピッ

テレビの前の
みなさん
こんにちは
パッ
夢咲《ゆめさき》テレビ
『あなたに会えて
よかった』の
時間です
今回はU―17日本女子代表
として活躍されている
大島愛さんと
大島さんが所属する
創元大学付属高校
女子サッカー部監督の
吉井葉月さんに
来ていただきました
高校が大学や専門学校と戦う
リーガ・スチューデントの
予選リーグがいよいよ
はじまりますが
個人的な目標や
抱負があれば
教えてください

きっぱり
ないです
しーん
あ でも…
チームとしてなら
あります
ミミ
あたしも含め
チームメイトは全員
善戦じゃダメだと
思ってます
勝ちにこだわりたい
優勝を狙っていきます
ホッ
よかった…
いきなり
終わったかと
思った…

話し方専門家 談
ドキドキしたね
でも さっきのひと呼吸は 急に頭の中が真っ白になって立ち往生した時に役に立つよ
ああ…思い出したくない
面接の時絶対あるんですよ
言わなければならないことを忘れてしまったり聞かれたことにすぐ答えられない時…
うーん
これは推測だけど
彼女にとって最初の質問は想定外だったのかも
NO!
だからとっさに〝ない〟と答えてしまった
ただ それで終わってしまったらインタビューは成立しない
だからひと呼吸おくことで時間を稼ぎ準備していた言葉を探したんじゃないかな

最近はスタンドから〝メグタン〟コールをする
若い男性のファンがたくさんいらっしゃるようですね
メグタンForza!
応援してくださるのはうれしいんですけど…
できれば国際試合で応援してもらってるイメージで
ちょっと大人っぽく〝メギー〟って呼んでほしいです
となると将来の夢はやはりプロであり日本代表ですか？
そうですね
中学生の時からずっとサッカー選手でいたいっていう思いが強くなってきましたので
U―17や高校のクラブは同世代の選手ばかりですけど
プロや日本代表になれば年上のプレイヤーばかりで環境が一変します

プレッシャーを感じることはないですか？
ピッチに立つ以上はチームの代表ですから
年齢とか新人とかは関係ないです
では最後にこの番組を観てくださっているファンの方に
一言お願いします
応援してくださるみなさんの信頼に応えるため
これからもゴールすることを
お約束します
プツン

どうだった？
あたしなんかより
ずっとしっかりしてる…
まあ
それはさておき…
わっ
否定して
くださいよ！
演劇の世界では
もちろん
俳優についてですが
「登場する時と
退場する時を
見ればわかる」
という古い
言い伝えが
あります
はじめと終わり――
これは話し方も同じです
そつなくこなそうとすると
これほど難しいものは
ありません
確かに 彼女が
最後に言った言葉は
印象に残ってる
最初は心配したけど
最後の締めくくりの
言葉がすごく
よかったと思います

MOVIE
MOVIE エンディング①
MOVIE エンディング②
スピーチの終わりは実際全体を通して一番の腕の振るいどころです
映画でもありますよね
つまりは最後の一言は　スピーチが終わったあとも耳に響いていているものであり
いつまでも長く記憶されやすいということです
MOVIEのエンディング②よかったなー
さて
コホン
皆さん　送った原稿を読んできてくれました？
え？まさか…
そう君の原稿だ
一応プリントアウトしてきたよ
ペラ
いろんな人に読んでもらうほうがいいと思ってね
皆さん忌憚《きたん》のない意見を聞かせてください
はい！
スッ！

キッパリ!!
さっぱりわからなかったです！
そうだと思うよ
一般の人向けに書いたものではないから
大丈夫かなぁ
任せてミ
ただ…終わりというか
結びの言葉がその…
私もそう感じました
「本校のオープンイノベーションについての発表は以上です
これで私の発表は終わらせていただきます」という締めくくりは
ガタッ
先ほどの大島さんに比べると 残念というかもったいないような気がします
ちょっ…ちょっと待ってよ！

さっきの高校生のインタビューと僕の原稿を比べて
どうこう言われるのはおかしいだろ！
おかしくない
さっきも言ったけど
最後の一言はそれこそ自分を印象づける絶好のチャンスなのに
君の原稿の終わり方はお世辞にも立派なものとは言えない
ギリッ…！
何だと…
おいおい
高校生より劣ってるってどういうことだよ
そんなわけないだろ
いい加減にしろよ
!?

人の意見に耳を傾けたくないなら
帰れよ
あんたの態度は人に教えを請う者の態度じゃない
ギロッ
ぐっ
コポポ
なあ 藤原
もし君が 自分の話はわかる人だけわかればいいと思っているのなら
今後いっさいスピーチの話はしない

それと 僕は職業とか
肩書きで人付き合いを
する気はないよ
すまない
大人げ
なかったと
思う
スピーチの上手さは
学歴や役職とは
何の関係もない
ことぐらい
わかっていた
つもりなのに…
つい自分の
つまらないプライドで
台なしにしてしまった…
気づいてくれたなら
それで充分だよ

コト
自分にないものを身につけるのは簡単なことじゃない
でも 自分の努力でもっと高めようと君が考えているのなら喜んで協力するよ
ありがとう
結びの言葉以外に気づいたことがあれば教えてくれないか
専門的な言葉はともかく
君の原稿は難しい言葉が多くて堅苦しすぎる
目的
何かをわからせる
感銘・納得
行動を起こさせる
楽しませる
話の目的は何かをわからせる
感銘を与えたり納得させたりする
行動を起こさせる楽しませる
の四つだ

今回は学会での発表で成功事例を共有していかなければならない
それなのに論文みたいな内容になってる
あれはそういう意味だったんだ…
さっぱりわからなかったです！
論文は目で読むものだから堅苦しい言葉でも何となくわかる
でも　スピーチは耳で聞くものだから
瞬時に理解できない言葉では聴衆を引きつけることは難しい

そうか…
将来 大学で
教鞭《きょうべん》を
とるのなら
学生にわかりやすく
話すことを
心がけてほしいな
僕の一番古い思い出は
幼い頃に誰かに
よくわからない
言い方をされて
腹が立ったことなんだ
学生時代は板書を
するだけの先生と
本を読み上げるだけの
先生には
いつもいらいら
させられた

そうだな…
五十嵐の言うとおりだ
スピーチも講義も同じ
何かをわからせたり
感銘を与えたり
納得させたりするのが
目的であれば
わかりやすさが
大切だ
くしゃ
なあ…
書き直したら
もう一度読んで
くれるかい？
もちろん！
でも次は
メールで
頼むよ
じゃ!!
飲み放題
さあて
アドバイスを
忘れない
うちに
書き直さないと

まとめ

「スピーチの終わり方」「わかりやすく話すには」

原著「第9章」の読み解き方

「第9章」では「スピーチの終わり方」と題し、前章の「スピーチのはじめ方」に続いて、今度はエンディングの方法について述べています。

締めくくりの言葉は聞き手の印象に残りやすいため特に重要で、繰り返し練習しておくべきだとカーネギーは言います。しかし、「終わり方」が全体を通して一番の腕の振るいどころで、最も工夫を要するとまで言われても、原著を読まなければ、にわかに信じがたいものです。たいていの人は、「はじめ方」、つまり出だしのほうが一番重要と思うのではないでしょうか。

現実に、話し手が時間配分を間違え、最後に慌ただしく駆け足になったり、司会役に打ち切られたり、締まらない話で終えてしまって、話し手も聞き手も後味の悪い思いをすることはよくあります。出だしや途中の話ぶりが達者でも、もったいない締めくくり方になってしまう場面を見ることもあります。

スピーチや講演の達人は、決してそんなことにはなりません。うまく締めくくって、万雷の拍手で送り出されるというのが常です。おそらく初心者は、エンディングまでエネルギーや注意力を払えなかったり、予行演習すらしていないからではないでしょうか。

長年にわたり、職種や経歴もさまざまな社会人に話し方を教えてきたカーネギーだからこそ語れる、実証済みの原則と言えます。原著では、締めくくりにおいて留意すべき具体的なアドバイスをたくさん挙げていますので、その一部だけですが、以下に紹介します。

その日の話の展開に対応できるよう、終わりの言葉は二、三種類用意しておく。「以上です」「終わります」といった、ありきたりの言葉や工夫のない終わり方をしない。最後に話の要点をまとめる。聞き手に行動を起こしてくれるよう訴える。

聞き手に感謝し、心からほめる。何か気の利いた引用で締めくくる。（難度は高いが）最後に笑わせる、または最後に話の最高潮を持ってくるように構成する。聞き手を飽きさせる前に、すっきりとした印象を残して手短に話し終える――。

予行演習が最も大事と言われるこの章の要点を、復習や再読の際の指針として、以下にまとめておきます。

第9章「スピーチの終わり方」の原則

1 **聞き手の記憶に一番残りやすいスピーチの終わりは、最も工夫を要する。**
2 **終わります、などと断る必要はない。**
3 **前もって終わり方を周到に計画しておき、予行演習をする。**
4 **終わり方の秘訣は、「話の要点をまとめる」「行動を呼びかける」「聴衆を心からほめる」「笑わせて終わる」「語気を強めてたたみかけ、最高潮へと盛り上げる」。**
5 **聴衆がそろそろ終わってほしいと考える前に、すっきりと話し終わる。**

原著「第10章」の読み解き方

前章でいったんスピーチの本番が終わったことになりますが、次の「第10章」では「わかりやすく話すには」と題し、時系列の構成からいったん離れて、応用編に入ります。はじめて本番を経験し、不首尾に終わった一度目の反省をしたり、再起を期すための内容と考えてもいいでしょう。原著に盛り込まれている手法やアドバイスを、一度の経験ですべて実現できるわけがなく、二度三度と経験していくうちに見えてくる、中級または第二段階の課題を想定しているように見えます。

この章では、聞き手の理解をさらに促すための要点が示されていますので、以下にその一部を紹介します。

今一度、準備段階で話の構成を練る際に、まずは**「目的は何か？」**を考える。そして**「たとえ話を用いる」「専門用語を避ける」「できるだけ視覚的効果を用いる」「（言い換えによって）重要点を繰り返す」「具体例を使う」**――などです。

これらの要点のうち、前章までに出てきたものと同じ原則が繰り返されていることにも着目しておきます。一つは**話を具体化する**ということ。抽象的で難解なことや、何かの数値を説明する際も、物事や数値を言い換えたり、たとえたり、視覚的に見せたりといった工夫で、よりわかりやすくすることが大切ということです。専門用語を避けるというのもその一環です。

もう一つは**重要な話を繰り返す**ということ。本章では、同じ言葉ではなく言い換えによって重要点を繰り返すように勧め、前章よりもさらに発展させた手法を紹介しています。

なお、視覚化するためのツールは、カーネギーの生きた時代よりも現代のほうが圧倒的に豊富です。だから、この視覚化という原則は現代人に参考にならないと考えるのは早計です。ツールに頼った中身のないプレゼンテーションや聞き手の心を動かさない発表を見る機会が、どれほど現世にあふれていることか……。カーネギーの金言「**目的は何か？**」を改めて反芻することで、機能のすぐれた現代の視覚的ツールも、さらに効果を発揮することでしょう。

また、「野生の山羊と張り合うな」というたとえで、たくさんの話材を盛り込みすぎて話が転々とし、聞き手を置き去りにするな、とも言っています。要するに、「話は短めに」ということ。どうしてもたくさんの話を盛り込むなら、最後に要点をまとめて話せばよいと、代替案も示しています。

第10章「わかりやすく話すには」の原則

1 **たとえを用いて話をわかりやすくする。**
2 **専門用語を避ける。**
3 **話したいことが頭の中で明確になっているかどうかを確かめる。**
4 **視覚に訴える。**
5 **大事なことは別の言葉で言い換え、繰り返す。**
6 **一般的な例と具体的な例を使う。**
7 **一度に多くのことに触れようとせず、大きな題材のせいぜい一つか二つに絞る。**
8 **もし、いくつかの点に触れねばならない場合は、最後にその要点をまとめる。**

第6話

退屈させない話し手になるには

まとめ

「聴衆に興味を起こさせる方法」
「言葉遣いを改善する」

ねえ メギー…
塩対応《しお》
やめちゃったの?
へ?
この間の
インタビューをうちの
親もいっしょに見ててね
メギーのこと
しっかりしてるって
びっくりしてた
心境の変化?
それとも
才能の開花?
どっちでも
ないから
今だから
言うけどね
うまくしゃべれない
自分に腹が立ってたの
だけど
サッカーの
練習と同じで
本気でうまくなりたい
と思えば 誰でも自分の
潜在的な力量を伸ばす
ことができるって
言われて…

ねえねえ
どんなこと
教わったの？
一番は具体性
かな
そうなんだ！
例えば
「しんどいところで
みんながんばって
くれた」って
言うよりも
「プレスの強度が
落ちないので
体がキツかったけれど
みんながよく動いて
パスを回してチャンスを
つくってくれた」
って言うほうが
わかりやすいと
思わない？
それと
面白く話す能力と
いうものは 具体的かつ
明確に話すという
幸せな習慣を持つ人に
自然と備わるんだって
だからいつも
意識するようにしてる
どこで
習ったの？
？
キッパリ
商店街

くしゅんっ
バンッ
誰かが噂《うわさ》してるのかな…
何だ？
ハァ
ハァ
ガタッ
大丈夫か？何があった？
決まった…
ハァ
ハァ
採用された…
もしかして…

就職?
コクン
おめでとう
ごめんね
そんなつもり
じゃなかった
んだけど…
それは
何を
言ってるんだ
めでたい席だ
カチャ
カチャ
遠慮せずに
食べて
あのね…
五十嵐さんと出会って
話し方を学んだから
自分の未来が変わったんじゃ
ないかなって思うの

もしあのラジオを聴いてなかったら…
もしあの夜みんなと五十嵐さんに会いに行ってなかったら…
もし五十嵐さんがあたしの話にちゃんと耳を傾けてくれる人じゃなかったら…
全然違ってた気がする
大げさだなあ
耳を傾けるという話が出たところで
社会人になると学生時代のように気に入らない人とは接しなくてもいい
というわけにはいかなくなる
たとえ苦手な相手であってもたわいのないおしゃべりなんかが必要になる
わかるよね？

ほとんどの人が
ちょっとした話すら
うまくできないのは
自分に関心のある
ことばかり
話すからなんだ
関心
ところがそんな話は
相手にとってうんざり
するぐらい退屈なんだ
おっと
持つ方を
まちがえた
そういう時は
どうすればいいの？
やり方を
逆にすれば
いいんだよ
相手の人にとって
関心のあること
その人の仕事
その人のゴルフのスコア
その人の成功談
母親だったら
彼女の子供の話を
してくれるように
仕向けるのさ

夕凪《ゆうなぎ》女子大は就職率とかどうなの？
そんなに悪くはない…
ってどうしてあたしが夕凪《ゆうなぎ》女子大だってわかったの？
興味を持って人の話を聞いているかどうかってことだよ
ああ そうか…そういうことだったんだ
でも就職したらこれまでみたいに五十嵐さんに会いに行ける時間がなくなるんだろうなあ…
ああ そのことだけど
新しい借り手が決まりそうなので 近々《ちかぢか》あの場所も引き払うんだ

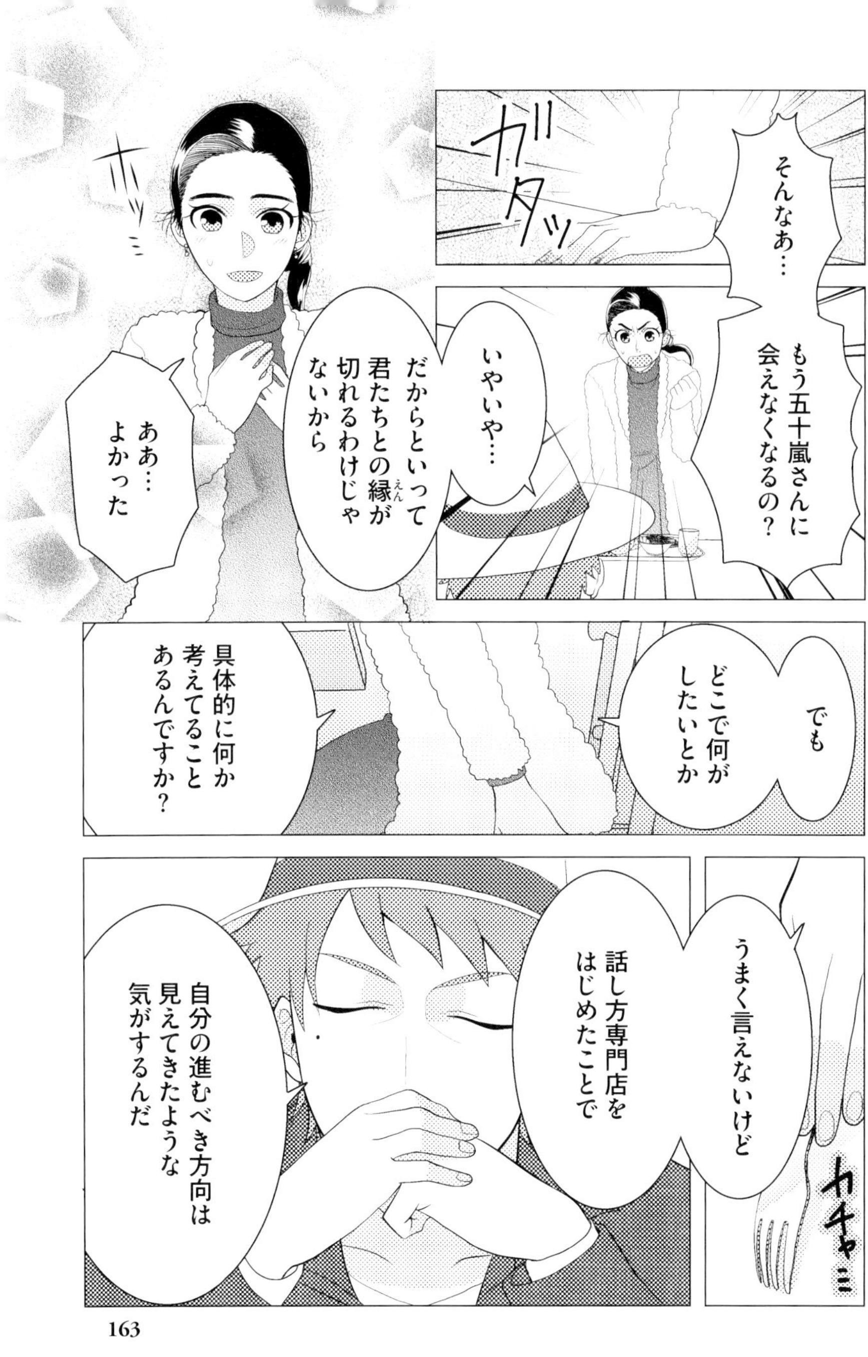
ガタッ
そんなあ…
もう五十嵐さんに会えなくなるの？
いやいや…
だからといって君たちとの縁《えん》が切れるわけじゃないから
ホッ
ああ…よかった
でも
どこで何がしたいとか
具体的に何か考えてることあるんですか？
カチャ
うまく言えないけど
話し方専門店をはじめたことで
自分の進むべき方向は見えてきたような気がするんだ

お金を儲《もう》けることには興味はないけれど
人生を豊かに味わうことには興味があるということを再認識できたからね
みんなと出会えたことで
端的《たんてき》に言えば重大な岐路《きろ》に立っているような気がするよ
創元大学
以上のように
カタ カタ
共創《きょうそう》型のオープンイノベーションの場合

オープンイノベーションの未来
大学の役割は
技術提供だけでは
ありません
社会人にとって
学び直しができる
場であるべきだと
考えます
パチパチパチパチパチパチパチパチパチパチ
ガヤガヤ
お疲れさん
よかったよ
堂々としていたし
立派だった
ありがとう
ございます
もう
いっぱい
いっぱいで…

でも
緊張のしすぎで
喉《のど》がカラカラに
なりました
ズッ
じゃあ
僕が一杯奢《おご》ろう
このあと
予定はないんだろ
ありがとう
ございます
それにしても
今回の発表は
見違えるというか
別人のような
出来ばえだったね
おかげで安心して
見ていられたよ

いえ その
実は…
五十嵐を
覚えてらっしゃい
ますか？
ああ…
自己紹介の時に
「愛読書は国語辞典です」
と言った彼か？
そうです
よく覚えて
らっしゃいますね
国語辞典を読む
と答えた学生は
国語辞
これまでの
ゼミ生の中で
彼一人だけ
だったから
その五十嵐に
話し方をいろいろ
レクチャーして
もらったんです
五十嵐君は今
何をしているの？

卒業後に勤めた会社を辞め
商店街で話し方専門店を開いています
話し方専門
談
ほお…
ということは五十嵐君は今も語彙《ごい》を増やしたり微妙に意味の違う言葉を使い分けたり
正確・的確に話したりしようと意識的に努力しているんだね
それで彼は君にどんなことをレクチャーしたんだい？
話し方専門店
談
藤原の原稿で一番気になったのは
結果を自慢し
プロセスの大切さについて説教めいたことを言っているところなんだ
カサッ

そんな偉そうに
書いたつもりは
ないんだけど…
実績をアピール
した上で
我が校なら
中立的な立場で
専門分野に
幅広く対応できる
という提案の
つもりだったのに…
それなら
成功事例を
共有することに
比重を置いたほうが
いいかもしれないね
そのほうが聴衆に
興味を起こさせる
聴衆はお説教を
聞きたいわけではない
そんな話を誰が
面白いと思ってくれる？
面白くないどころか
何を話そうと
人を楽しませなければ
聞く耳すら
もってもらえない
そうなのか？

勘違いしないでほしい
面白いとか楽しませるとか笑わせることというのはじゃない
ある事例がなぜ成功し他の事例はなぜ失敗したか
失敗
成功
そういう話なら聴衆は喜んで聞いてくれるし教訓にする
できればプラス苦心談つまりシステム設計や運用で悪戦苦闘しついに成功したという話を盛り込むべきだ
ごちそうさまでした
いやいや僕のほうこそ
興味深い話をたくさん聞かせてもらったよ
ありがとう

五十嵐君に連絡はとれるかな？
はい
では一度研究室に遊びに来るように伝えてくれないか
わかりました
あった！
〝話し方専門店〟って書いてある
話し方専門店
談
きゃっ
きゃっ
ほんとだウケる！
あの…何か？
わっ！
もしかして五十嵐さんですか？
受験の面接とかそういう対策も教えてもらえるんですか？
そうですけど…いったい誰から？

メギーから聞きました
ああ なるほど… みなさん大島さんのお友達なんですね
そうでーす!!
口コミもバカにできないなあ…
場所わかったし
今日は帰ろっか
これからもっと問い合わせが殺到するんじゃないですか?
ガチャ
そんなまさか…
プルルルルルル
プルルルルルル

ガチャ
はい
五十嵐です
話し方専門店さんですか?
え
ええ…
そうですけど
大島愛さんのツイッターを見た者なんですけど
話し方についての出張講演などをお願いすることはできるのでしょうか?
あ はい
では…
五十嵐さん!
見て見て
さすが愛ちゃんフォロワーも多いから広まったんだよ
大島
話し方専門店で
ここに来たお
話すのが少し
20XX/XX/XX16:39
ツイートアクティビティを表示
309リツイート 2961いいね

影響力のある彼女が僕のキャラを立ててくれたってことだね
ピリリリッ
お仕事じゃないって
今度は何の連絡だ？
藤原
藤原からだ
創元大学
どうぞ
失礼しますご無沙汰してます
ありがとうございます
久しぶりだねまあ　かけたまえ
ちょうど君たちが卒業してすぐぐらいかな

文献の読み方や
引用のマナー
わかりやすい
文章作成といった
書く力を
養う授業が
理事長の発案で
はじまってね
当初は選択必修
だったが それでは
足りないという
ことになって
日本語の文章の
書き方を初歩から
学ばせる授業は
一年生の必修になった
そうですか
さて
ここからが
本題だ
本学では来年四月
つまり再来年度から
全学的な活動として
話す力を初歩から
学ばせようと考えている
コミュニケーションを
含めた話す力は
社会で不可欠な能力だ
日本語の豊かな
表現力を習得させ
場面や状況に応じて
きちんと論じ
述べられることを
到達目標に
教員配置や教材づくりを
進めているところだ
××年度
必修科目案

興味はあるかね？
はい！もちろんです
話し方専門店
談
すごいじゃないですか
まだ決まったわけじゃないからね
創元大学には大学教育を補完する目的で設けられた特別学期というのがあって
社会とのつながりを意識させる特別教育科目を開講しているんだ
まずその講座を担当してからの話だよ
あたしも受けたかったなぁその授業
そう言ってもらえると先生冥利《みょうり》に尽きるけどそれまでちゃんと食い扶持《ぶち》を稼《かせ》いでいられるかが心配だよ

このあいだ言ったこと覚えてる？
何の話？
ほら あたしたちと出会えたことで重大な岐路《きろ》に立っているような気がするって言ってたでしょ
ああ そうだね 覚えてるよ
それ たぶん 当たってるよ
あたしは絶対そう思う
ありがとう
君がそう言ってくれるなら僕も信じることにするよ
話し方専門店 談

まとめ

「聴衆に興味を起こさせる方法」「言葉遣いを改善する」

原著「第11章」の読み解き方……

「聴衆に興味を起こさせる方法」と題されたこの「第11章」もまた、前章と同じく応用編と考えられます。

ここでも再び、「**人の関心事は自分自身にある**」という人間の根本原理が強調されます。その上へ折り重ねるように、話し手が優先して取り上げたほうがよいのは「人の話題」で、それも「高尚な噂話」「嘘のない内幕話」「苦労談」が何より人の興味を惹くと述べています。要するに「**人間味あふれる話**」が最適だということです。

原著で紹介されている、子供の前で話す際の逸話は、抽象的で漠然とした話では途端に騒ぎ出す教室の様子が目に浮かぶようで、とてもわかりやすい実例になっています。それは大人に対しても同じで、重要な原則だと言っているのです。

聞き手の興味を惹くために、相手の関心事を話題にする。そうすれば結果的に、「**聞き上手こそが話し上手になる**」というのも、『**人を動かす**』と共通する普遍的な原則です。

結局のところ、「**興味は伝染する**」とカーネギーが言うように、話し手自身が興味や熱意を持って話せば、聞き手に伝わりやすいということです。逆に言えば、話し手自身が興味を持っていない話は、聞き手にも何一つ訴えかけないということでしょう。

この章でも、前章までに出てきたものと共通する原則が、少し視点や手法を変えて繰り返されます。「**一般論ではなく具体的事実を話す**」と「**聞き手の目の前に絵を浮かび上がらせるような言葉を使う**」です。

このうち、「具体的事実」のほうが有効だという恰好の実例として、原著では大学教授とトラック運転手（運送業者）の逸話が紹介されています。カーネギーはこの逸話を持ち出した理由を、こう述べています。「面白く話す能力というものは、正式な教育を受けているいないにかかわらず、具体的かつ明確に話すという幸せな習慣を持つ人に自然と備わるものである」と。

また、本書第5話の漫画ストーリーでこの逸話をアレンジした上で再現し、大学の助教と女子高校生との対比で描いていますが、ぜひ原著でもカーネギーの取り上げる実例の巧みさを味わってみてください。

もう一方の「聞き手の目の前に絵を浮かび上がらせる」という原則は、前章の「視覚化」と同じことを言っているように見えて、実は少し違います。むしろ逆のことを言っています。視覚的ツールに頼るだけではなく、言葉で絵を描く（聞き手に絵を描かせる）方法も身につけたいということです。日本でそれをたとえるなら、落語家やラジオドラマの技術でしょうか。落語は古典芸能であり、ラジオはマスメディアとして少し古いものですが、それゆえに、時代の波に洗われても廃れない、普遍性を持つ技術だと言えます。主に言葉や声を使って人に伝達し、絵を想像させるという手法が、話し方の上達につながるというわけです。

多彩な手法を説得力ある実例で示したこの章の要点を、以下にまとめておきます。

第11章「聴衆に興味を起こさせる方法」の原則

1 人は平凡な事柄についての非凡な事実に興味を抱く。
2 人の主な関心事は自分自身だということ。
3 聞き上手は一般に話し上手とみなされる。
4 美化された噂話や誰かについての話は人を引きつける。
5 一般論ではなく具体的事実を話す。人間味あふれる実例を示す。
6 目の前に絵を浮かび上がらせるような言葉をちりばめる。
7 二つの対照的な文章を用いて対比させる。
8 話し手自身の興味が聞き手に伝染する。

原著「第12章」の読み解き方

最終章の「第12章」では「言葉遣いを改善する」と題しているように、話し方やスピーチを上達させるための直接的なノウハウではなく、普段から心がけるべき学びの姿勢を説いています。「第7

章」で触れた「**人柄**」と同じで、短期的に変えたり改善できる課題ではなく、生涯持ちつづける努力目標と言えます。つまり、人間として素養を深めるために、言葉遣いを通じて品格や教養を涵養してほしいと言っているのです。

よりよい話し方を身につけるための総仕上げとして、この章では「言葉」に比重を置いて実例を挙げています。言葉による表現力や語彙力は、小手先のテクニックだけでごまかせるものではありません。「**語彙や言語表現を豊かに、より適切に**」「**もっと文章力を**」とカーネギーは述べ、そのためには良書をたくさん読み、辞書をかたわらに置いて字源や字義を調べる癖をつけてほしいと勧めています。

ただ、原著で紹介されている書籍の大半は現在入手ができないもので、言葉の実例も英単語であり、いわば米英（西欧）仕様になっています。そのため日本仕様にアレンジする必要がありますが、辞書は日本のすぐれた辞書を使えばよく、良書は日本の良書を自分なりに選べばよいということです。

カーネギーは読むべき書籍の分野を特に限ってはいません。シェイクスピアの名作でも、小説でも聖書でも偉人の伝記でもよいと言っています。英単語の実例も日本の語彙に差し換える余地はありますが、この章で紹介されている「……のように冷たい」という比喩を考えるトレーニングは、母国語がどの言語であっても導入できるでしょう。

第12章「言葉遣いを改善する」の原則

1 人はその行動、外観、話す内容、話し方によって評価され、類別される。
2 読書をすること。それも優れた作品、不朽の名作がよい。
3 本を読む時は辞書をかたわらに置き、知らない言葉が出てきたら調べるようにする。
4 使い古した言葉や陳腐なたとえを使わない。
5 自分独自の新鮮味あるたとえをつくり出し、意味を正確・的確に伝える。勇気を持って自分の個性を打ち出す。

エピローグ

❖

話し方から新たな人生が開ける

ごめんね
遅くなって
町内会の役員会が
長引いちゃって…
大変だなぁ
遅くまで
体調とか大丈夫か？
品田真佐喜《しなだまさき》（35）
いろいろあるけど
元気だから
心配しないで
最初聞いた時は
びっくりしたけど
それなりにやってる
みたいだね
相談できる友達も増えたし
いい経験させてもらってる
何か うまく言えないけど…
ちょっと雰囲気変わった？
クス
そう？
もしかしたら 女性も
三日会わなければ
刮目《かつもく》して見るべきかもね

どうしたの メギー？
じーーっ
ビク！
辞書なんか持ってきて
いいじゃない 別に
国語
新学期だからって 無理しなくても いいんだよ
じーーーっ
あたしね わからない言葉とか そのままスルーするの やめたの
語彙《ごい》も もっと増やすことに したの
国語辞典

このあいだまで勉強きらいとかだるいって言ってたのに
ええっ!?
だって…内部推薦で創元大に行きたいんだもん
え? 卒業したらプロのチームに入るんじゃなかったの?
勉強したいことができたから大学に通いながらクラブチームでプレーできればいいなって思って…
メギーが大人になってる…
二人とも失礼だよ
あたしだって自分なりに将来についていろいろ考えてるんだから
トス
これで最後か?
うん ありがとう
カタッ
専門店

悪いけど段ボールのまま部屋に放り込んでおいてくれないか
商店街の人たちに挨拶《あいさつ》してから行くよ
わかった まかせとけ
荷づくりを手伝ってくれてありがとう
新年度早々ぎっくり腰とかやめてくれよ?
何を言ってるんだ!! 大したことないよ!!
そのわりにはフラフラだなァ
入社早々仕事とか人間関係とか自分のことだけで大変なのに
いいんですよ ちょうど休みの日ですから
それにしても…
短い時間だったけど振り返ってみるといろいろあったね
うん

これからもいろいろ教えてくださいね
もちろんだよ
商店街の広報紙のコラムとかケーブルテレビのコメンテーターとか
仕事はいろいろ忙しくなったけど
話し方専門店をやめるつもりはないから
ホッ
それと 君にプレゼントがあるんだ
デール・カーネギーの『話し方入門』だ
これから社会人になる君にとってさまざまな場面で役に立つはずだよ
ありがとう大事にするね

ガチャ
あのう…
話し方専門店はここですか？
実は私会社の事情で事務から営業に異動になりまして…
こんな年になって話し方など学べるものでしょうか…どうお思いですか？
どう思うかですって？
思う思わないの問題ではないんですよ僕はもう確信しているんです
あなたが充分おやりになれることを
指示や指導に従って練習を積みさえすれば間違いなくおできになります

『カーネギー話し方入門』全原則一覧

第1章 勇気と自信を養う

1 強く、持続的な願望を持ってはじめる。
2 準備は怠りなく。
3 自信満々にふるまう。
4 練習を積む。

第2章 自信は周到な準備から

1 話し手が話さずにいられないものを持っている時、そのスピーチは成功したも同じ。
2 本当の準備とは、自分自身の中から何かを掘り出すこと。
3 題材を早目に決め、空き時間にそれについて考えを深める。
4 余力を蓄えるために、実際に使うものより、はるかにたくさんの素材を集める。

第3章 有名演説家はどのように準備したか

1 スピーチは航海であり、海図が欠かせない。行き先もわからず出港すれば、どこにも行き着けない。
2 構成や組み立てについて、すべてに当てはまる絶対確実な法則などあり得ない。
3 一つの話題を取り上げた時には後戻りすることのないよう、すべてを言い尽くす。
4 有名演説家の準備の仕方や構成方法を参考にする。
5 録音し、それを聞いてみる。あるいは、道を歩きながら声に出さずに練習してみる。
6 スピーチで、メモや原稿を読み上げてはいけない。

第4章 記憶力を増進する

1 記憶の自然法則は、印象、反復、連想の三つ。
2 要点を覚えるには、それぞれを論理的な順序に並べること。
3 もし言おうとしていたことを突然忘れてしまったら、応急措置でその直前に話した文句を次の話の頭に持ってくる。

第5章 スピーチの成功に欠かせないもの

1 学習途上の停滞期を乗り越えるには、粘り強く練習を続けること。
2 スピーチ直前の不安は、努力を続ければ消し去ってしまえる。

3　上達した自分の姿を思い浮かべる。

第6章　上手な話し方の秘訣

1　何を話すかではなく、むしろどう話すかが大切。
2　聴衆の頭の向こうを見つめたり、床に目を落としたりしてはいけない。
3　人の真似をしてはいけない。日常会話のような自然な話し方で、個性と自分独自の手法を盛り込む。
4　上手な話し方の秘訣は、「重要な言葉を強調する」「声の調子や話す速度を変える」「重要なポイントの前後に間を置く」。

第7章　話し手の態度と人柄

1　人柄こそ（準備は別として）、聴衆を前に話す場合には何よりも大切。
2　疲れた状態で話をしてはいけない。休息してエネルギーを蓄えておく。
3　話をする前は、食事を控え目に。
4　身なりはきちんと魅力的に。
5　笑顔で聴衆の前に出る。
6　話す場を整える秘訣は、「聴衆を一カ所に固める」「部屋の空気を新鮮に保つ」「壇上を明るくする」「気の散るものは壇上から取り除く」。

第8章　スピーチのはじめ方

1　スピーチは出だしが重要。前もって周到に準備しておく。
2　前置きは短いに限る。
3　ユーモラスな話やおわびの言葉、言いわけでスピーチをはじめてはいけない。
4　聴衆を即座に引きつける秘訣は、「好奇心を起こさせる」「人間味あふれる話をする」「具体例を挙げる」「品物を使う」「質問をする」「印象的な言葉を引用する」「聴衆の関心事に結びつける」「ショッキングな事実を挙げる」。
5　形式ばった堅苦しい話を避け、気楽で、さりげない、自然な印象を与える話題を取り上げる。

第9章　スピーチの終わり方

1　聞き手の記憶に一番残りやすいスピーチの終わりは、最も工夫を要する。
2　終わります、などと断る必要はない。
3　前もって終わり方を周到に計画しておき、予行演習をする。
4　終わり方の秘訣は、「話の要点をまとめる」「行動を呼びかける」「聴衆を心からほめる」「笑わせて終わる」

「語気を強めてたたみかけ、最高潮へと盛り上げる」。

5 聴衆がそろそろ終わってほしいと考える前に、すっきりと話し終わる。

第10章 わかりやすく話すには

1 たとえを用いて話をわかりやすくする。

2 専門用語を避ける。

3 話したいことが頭の中で明確になっているかどうかを確かめる。

4 視覚に訴える。

5 大事なことは別の言葉で言い換え、繰り返す。

6 一般的な例と具体的な例を使う。

7 一度に多くのことに触れようとせず、大きな題材のせいぜい一つか二つに絞る。

8 もし、いくつかの点に触れねばならない場合は、最後にその要点をまとめる。

第11章 聴衆に興味を起こさせる方法

1 人は平凡な事柄についての非凡な事実に興味を抱く。

2 人の主な関心事は自分自身だということ。

3 聞き上手は一般に話し上手とみなされる。

4 美化された噂話や誰かについての話は人を引きつける。人間味あふれる実例を示す。

5 一般論ではなく具体的事実を話す。

6 目の前に絵を浮かび上がらせるような言葉をちりばめる。

7 二つの対照的な文章を用いて対比させる。

8 話し手自身の興味が聞き手に伝染する。

第12章 言葉遣いを改善する

1 人はその行動、外観、話す内容、話し方によって評価され、類別される。

2 読書をすること。それも優れた作品、不朽の名作がよい。

3 本を読む時は辞書をかたわらに置き、知らない言葉が出てきたら調べるようにする。

4 使い古した言葉や陳腐なたとえを使わない。

5 自分独自の新鮮味あるたとえをつくり出し、意味を正確・的確に伝える。勇気を持って自分の個性を打ち出す。

（D・カーネギー『カーネギー話し方入門 新装版』〈創元社刊〉より、各章末に掲載されている「まとめ」、または本文中の要点を抜き出し、一部で補筆・再編集したうえで一覧にしました。人前で自信を持って話すための要諦をまとめたエッセンスといえるものです）

原作　デール・カーネギー
脚本　歩川友紀《あゆかわゆうき》
漫画　青野渚《あおのなぎさ》
装丁　上野かおる

D・カーネギー
マンガで読《よ》み解《と》く カーネギー話《はな》し方《かた》入門《にゅうもん》
二〇一七年一月二〇日　第一版第一刷発行
発行者　矢部敬一
発行所　株式会社 創元社
〈本　社〉〒五四一-〇〇四七
大阪市中央区淡路町四-三-六
電話（〇六）六二三一-九〇一〇(代)
〈東京支店〉〒一六二-〇八二五
東京都新宿区神楽坂四-三　煉瓦塔ビル
電話（〇三）三二六九-一〇五一(代)
〈ホームページ〉http://www.sogensha.co.jp/
組版・印刷　はあどわあく／図書印刷

ISBN978-4-422-10117-0 C0011

創元社刊●カーネギー関連書

新装版 カーネギー話し方入門 D・カーネギー著、市野安雄訳 (電)(文)

新装版 人を動かす D・カーネギー著、山口博訳 (電)(オ)(特)(文)

新装版 道は開ける D・カーネギー著、香山晶訳 (電)(オ)(特)(文)

新装版 カーネギー名言集 ドロシー・カーネギー編、神島康訳 (文)

新装版 カーネギー人生論 D・カーネギー著、山口博・香山晶訳 (文)

新装版 リーダーになるために D・カーネギー協会編、山本徳源訳

新装版 自己を伸ばす A・ペル著、香山晶訳

新装版 人を生かす組織 D・カーネギー協会編、原一男訳

セールス・アドバンテージ D・カーネギー協会編、J・O・クロムほか著、山本望訳

D・カーネギー・トレーニング パンポテンシア編

13歳からの「人を動かす」 ドナ・カーネギー著、山岡朋子訳

人を動かす2——デジタル時代の人間関係の原則 D・カーネギー協会編、片山陽子訳 (電)(オ)

マンガで読み解く 人を動かす D・カーネギー原作、歩川友紀脚本、青野渚・福丸サクヤ漫画 (電)

マンガで読み解く 道は開ける D・カーネギー原作、歩川友紀脚本、青野渚・たかうま創・永井博華漫画 (電)

マンガで読み解く カーネギー話し方入門 D・カーネギー原作、歩川友紀脚本、青野渚漫画 (電)

（(電)＝電子書籍版、(オ)＝オーディオCD版、(特)＝特装版、(文)＝文庫版もあります）